I0889679

V&R

תולדות toldot

Essays zur jüdischen Geschichte und Kultur

Herausgegeben von Dan Diner

Band 8

Doron Mendels
Arye Edrei

Zweierlei Diaspora

Zur Spaltung der antiken jüdischen Welt

Aus dem Englischen von
Michael Dewey

Vandenhoeck & Ruprecht

Mit 1 Karte

Bibliografische Information der Deutschen Nationalbibliothek

Die Deutsche Nationalbibliothek verzeichnet diese Publikation in der Deutschen Nationalbibliografie; detaillierte bibliografische Daten sind im Internet über http://dnb.d-nb.de abrufbar.

ISBN 978-3-525-35098-0

Druck und Bindung: ⊕ Hubert & Co, Göttingen

Inhalt

Vorwort

Diaspora ist ein griechisches Wort für eine jüdische Kondition. Das der Zerstreuung des jüdischen Volkes anhaftende Wort hat sich von seinen Ursprüngen gelöst und dient zunehmend der Beschreibung von räumlich wie zeitlich ubiquitären Phänomenen exterritorialer Existenz. Umso bedeutender ist der Versuch, sich des historischen Kontextes seiner Entstehung ebenso wie seiner ursprünglichen Geltung zu versichern. Und dies nicht etwa in enger wortgeschichtlicher Absicht, sondern in einer Weise, die es ermöglicht, den Wandel sozialer Zugehörigkeit vor dem Hintergrund medialer und kommunikativer Strategien und deren sprachgeografischer Verflechtung zu erkennen.

Was Doron Mendels und Arye Edrei unternehmen, ist der quellengestützte Nachweis, wie und unter welchen Umständen sich das spätantike Judentum angesichts des Auseinanderdriftens jüdischer Sprachkulturen neu konstituierte. Zwischen der östlichen, vornehmlich in Babylonien und angrenzenden Gebieten ansässigen jüdischen Gemeinschaft und der westlichen, im hellenistischen Kulturbereich beheimateten Judenheit stellte sich, durch Sprachvermögen wie durch Sprachverlust bedingt, auch ein Wandel im Selbstverständnis ein. Die hellenistische Kultur der westlichen Diaspora löste sich von den textuell und rituell bedeutsamen Sprachen des Hebräischen und Aramäischen ab, die im Osten das Korpus des mündlich überlieferten jüdischen Religionsgesetzes anwachsen ließen. Im Westen hingegen ruhte das jüdische

Schrifttum auf der Septuaginta, der griechischen Übersetzung der hebräischen Bibel. Dieser Umstand trägt dazu bei, zu verstehen, in welchem kulturellen Milieu und mit welchen Kommunikationsstrategien sich das frühe Christentum als eine jüdische Sekte ausbreiten und zu einer neuen Religion entwickeln konnte. Mit dem Verlust des Hebräischen und Aramäischen war auch der Transfer von sich weiter östlich ausbildenden kanonischen religionsgesetzlichen Inhalten versiegt. So scheint der Wandel der Sprachkultur den Konversionsphänomenen vorausgegangen zu sein.

Die von Mendels und Edrei vorgetragenen Überlegungen sind nicht nur für an der Geschichte des antiken Judentums Interessierte von Belang. Sie tragen auch zum besseren Verständnis von wesentlichen Aspekten der neuzeitlichen Geschichte der Juden bei. So hat im Verlauf von maskilischen Neuerungen auch unter Juden die Bibel zunehmend Vorrang über den Talmud und die rabbinische Literatur gewonnen. Die damals von Moses Mendelssohn unternommene Bibelübersetzung ins Deutsche, gewissermaßen ihre Septuagintisierung, war ein Beitrag zur modernen »Hellenisierung« der Juden. Nicht zufällig hat das deutsche Judentum, vom Erkenntnisinteresse der Wissenschaft des Judentums angetrieben, in Philo von Alexandria seine emblematische Figur gefunden.

Dan Diner — Sommer 2009

Zwei Sprachen – zwei Wissenskulturen

In hellenistischer Zeit hatte sich die jüdische Welt merklich aufgesplittert. Neben dem Zentrum im Land Israel gab es im Osten wie im Westen Diasporagemeinden. Die östliche Diaspora reichte von Transjordanien bis Babylonien, die westliche umschloss Kleinasien, Griechenland, Italien, Spanien, Südfrankreich und die Mittelmeerinseln (siehe die Karte S. 104/105). Die meisten Wissenschaftler, die sich mit der jüdischen Diaspora dieser Zeit befasst haben, gehen ausdrücklich oder stillschweigend davon aus, dass das Wissen über die eine Diaspora auch für die andere gilt, und verwischen damit den Unterschied zwischen Ost und West. In dem vorliegenden Buch wollen wir diesen Gegenstand erneut untersuchen und deutlich machen, dass die Trennlinie zwischen östlicher und westlicher Diaspora nicht lediglich geografischer Natur war, sondern in Wirklichkeit sehr viel tiefer ging. Während Jerusalem und das Land Israel vor der Zerstörung des Tempels eine zentrale Rolle als einigende Kraft in der jüdischen Welt spielten, änderte sich die Situation mit der Zerstörung des Tempels grundlegend. Unsere Untersuchung gilt der Kluft, die sich nach der Zerstörung des Tempels auftat und in der Folge zusehends verbreiterte. In sprachlicher Hinsicht war die jüdische Welt schon in frühhellenistischer Zeit geteilt. Im Westen schrieben und sprachen die Juden nur noch griechisch oder lateinisch, während im Osten Hebräisch und Aramäisch überwogen. Die Grenze zwischen östlicher und westlicher Diaspora war das Land Israel; und selbst dort gab es Gemeinden, die griechisch schrieben und sprachen. Wir behaupten, dass die sprachliche Kluft zwischen den beiden Diasporas eine weit tiefere kulturelle Kluft nach sich zog, als man gemeinhin annimmt, und darüber hinaus zu zwei normativen Systemen führte, eines im Osten und eines im Westen. Des Weiteren werden wir die wissenschaftliche *communis opinio* in Zweifel ziehen, die Rabbinen im Zentrum, also im Land Israel, hätten den Kontakt mit der gesamten jüdischen Diaspora aufrechterhalten und Einfluss auf die Praxis im religiösen und kulturellen Leben ausgeübt. Wir werden zeigen, dass es für eine solche Verbindung zur östlichen Diaspora eindeutige Beweise gibt, während die jüdischen Quellen hinsichtlich der westlichen Diaspora schweigen. Diese Diskrepanz werden wir vor dem Hintergrund der Auseinanderentwicklung von östlicher und westlicher Diaspora erklären. Will man sich nicht nur mit der Beziehung zwischen beiden Diasporas, sondern auch substantiell mit den Ähnlichkeiten und Unterschieden der beiden Judenheiten befassen, muss man diesem Umstand Rechnung tragen.

In Diasporagemeinden halten sich in der Regel zwei Tendenzen die Waage: der Wunsch, die spezifische Identität und die Verbindung zum kulturellen Zentrum zu bewahren, und das Bestreben, sich in den breiteren Kontext der Umgebungskultur zu integrieren. Durch die Zerstörung des Tempels wurde das Gleichgewicht zwischen diesen beiden Tendenzen gestört – die Verbindung mit dem Zentrum war nun zu einer Erinnerung geworden ohne Rückhalt in der Realität. Der Verlust des Zentrums hatte weitreichende Folgen für den Informationsaustausch, denn dieser wurde durch ein starkes

Zentrum mit Kontrolle über ein bestehendes Kommunikationssystem begünstigt. Der Tempel war für die jüdische Welt das unangefochtene Zentrum. Sein Status leitete sich zum einen von seiner beeindruckenden physischen Symbolik und seinen allseits bekannten Funktionen, zum anderen von seiner traditionellen Rolle als Bezugspunkt her. Als der Tempel im Jahr 70 u. Z. zerstört wurde, entstand im Land Israel ein anderes Zentrum. Wie wir jedoch sehen werden, war dieses Zentrum der hellenistischen jüdischen Diaspora nicht zugänglich. Die Botschaften, die von diesem neuen Zentrum ausgingen, unterschieden sich grundlegend von denen des früheren Zentrums und konnten von den Juden der griechischsprachigen Diaspora nicht entziffert werden. Unsere Untersuchung gilt weder den Unterschieden, die sich zwischen Mutterland und hellenistischem Judentum ausbildeten, noch der Verschiedenheit zwischen dem synkretistischen Diasporajudentum und dem eher dogmatischen Judentum im Land Israel. Unser Augenmerk richtet sich vielmehr auf den Kommunikationsverlust und den offensichtlichen Bruch in der jüdischen Praxis, die sich mit der Tempelzerstörung anbahnten.

Zum besseren Verständnis unserer Argumentation wollen wir zum Vergleich die Situation im Mittelalter heranziehen, als Mischna und Talmud schriftlich fixiert waren und die Grundlage für ein gemeinsames Lehrprogramm und eine gemeinsame normative Praxis bildeten. Diese im Osten entstandenen Werke waren zu jener Zeit allen zugänglich und wurden ausgiebig studiert. Das gesamte Mittelalter hindurch schrieben die Gelehrten über den Talmud. Ihre Schriften waren ausschließlich auf Hebräisch verfasst – mit einigen Einsprengseln auf Aramäisch, der Sprache des Talmud, die jedermann geläufig war. Und obwohl sich verschiedene Lehrmeinungen und unterschiedliche Bräuche entwickelten, funktionierte der Austausch zwischen den Gemeinden dank fehlender Sprachbarrieren reibungslos. In dem Zeitabschnitt, den wir untersuchen, war das nicht der Fall. Wir behaupten, dass sich in der Zeit nach der Tempelzerstörung in der östlichen jüdischen Diaspora ein hierarchisches Kommunikationssystem entwickelte, das über eine Führung, Institutionen, eine Bürokratie und eine klare Botschaft verfügte. Dieses System schloss jedoch nicht die westliche Diaspora mit ein. Die westliche Diaspora bildete ihrerseits ein nichthierarchisches Kommunikationssystem aus, das weder über Institutionen wie die im Land Israel noch über eine Führung verfügte, die die Kommunikationssprache beherrschte.

Ein Indikator für den Unterschied zwischen der östlichen und der westlichen Diaspora ist die von der jeweiligen Gemeinschaft hervorgebrachte jüdische Literatur. Die Bibel war die gemeinsame Literatur der gesamten jüdischen Welt, wobei jede einzelne Gemeinde in ihrer eigenen Sprache Zugang zu ihr hatte. Doch im Land Israel entstand in dieser Zeit ein neues jüdisches Schrifttum: die tannaitische (Mischna und Midrasch) und in der Folge die amoräische Literatur (der Talmud). Diese Literatur verbreitete sich ostwärts, und die babylonische Gemeinde hatte in vollem Maße teil an ihrer Entwicklung. Sie gelangte jedoch nicht in den Westen, weil die Juden der westlichen Diaspora sie nicht entschlüsseln konnten. Gleichzeitig machte sich die westliche Diaspora eine ganz andere Sammlung von Literatur zu eigen: die Apokryphen und Pseudepigraphen, die von den Weisen des Ostens zurückgewiesen worden waren.

Ein Vergleich der beiden unterschiedlichen, von den beiden Diasporas getrennt verwahrten literarischen Corpora verdeutlicht und erhärtet unsere Theorie von der Isolation der westlichen Diaspora. Das halachische und aggadische Korpus, das auf dem Hebräischen und Aramäischen fußt, wurde in der östlichen Diaspora mündlich überliefert. Im Unterschied dazu wurde das Korpus, das man im Westen hütete, schriftlich tradiert. Das östliche Korpus war nicht ins Griechische übersetzt, und soweit wir wissen, wurde auch nie ein Versuch unternommen, es ins Griechische oder Lateinische zu übertragen. Das spricht für unsere Annahme, dass diese Literatur den meisten Juden der westlichen Diaspora verschlossen blieb. Bestimmte Bücher der Apokryphen und Pseudepigraphen wiederum, die in der Frühzeit des Hellenismus Gestalt angenommen hatten, waren in Inhalt und Gattung grundverschieden von der östlichen Literatur. Einige dieser Werke waren von vornherein auf Griechisch verfasst, etwa das zweite Buch der Makkabäer; andere wie das erste Buch der Makkabäer wurden auf Hebräisch niedergeschrieben, nachträglich ins Griechische übersetzt und in der griechischsprachigen Gemeinschaft verbreitet. Ebenso wie die halachische und aggadische Literatur des Ostens dem Westen nicht durch Übersetzung verfügbar gemacht wurde, so wurde auch die Mehrzahl der Apokryphen und Pseudepigraphen in der hebräisch- und aramäischsprachigen östlichen Diaspora nicht länger aufbewahrt (zu den Ausnahmen gehören das aramäische Testament Levi, das Buch Tobit, das Buch Jesus Sirach und das Jubiläenbuch auf Hebräisch; das meiste davon erkannten die Rabbinen jedoch nicht an). Ebensowenig waren die babylonischen Juden in der Lage, sich die Literatur in griechischer und lateinischer Sprache anzueignen. Diese Literatur wird in den Schriften der Rabbinen so gut wie nicht erwähnt – und wenn doch, dann als »externe« Literatur, um sie vom biblischen Kanon zu unterscheiden. Man gewinnt auf diese Weise die Vorstellung von zwei ganz verschiedenen, an je einer Seite des Mittelmeers siedelnden Gemeinschaften, die sich auf zwei unterschiedliche Schriftensammlungen beriefen – unterschiedlich in Inhalt, Gattung, Sprache, Weltsicht und normativer Praxis: auf der einen Seite die Bibel und die rabbinische Literatur, die anfangs noch mündlich weitergegeben wurde, auf der anderen die griechische Bibelübersetzung und ein Teil der »externen« Literatur. Diese gespaltene Realität ist gekennzeichnet von zwei unterschiedlichen Diskurswelten, zwei verschiedenen Kommunikationssystemen und, daraus resultierend, jeweils spezifischen Weltanschauungen.

Auch vor der Zerstörung des Tempels unterschieden sich die Normensysteme in der westlichen Diaspora und im Land Israel. Es gab beispielsweise Bereiche, die für das jüdische Leben im Land Israel von Bedeutung waren, aber nicht in der Diaspora: etwa Gesetze über die Landwirtschaft und Bodenbestellung (*Seder Zeraim*) oder über Reinheit und Unreinheit und den Tempelgottesdienst. Zweifellos machten diese Gesetze vor der Zerstörung des Tempels den größten Teil des damals gültigen jüdischen Rechtssystems aus. Dieses Faktum verweist deutlich auf die Spaltung zwischen dem Land Israel und der Diaspora und auf den Nutzen, den die Weisen darin erblickten, im Land Israel zu leben, bot dies doch die Möglichkeit, ganz und gar nach den Gesetzen der Tora zu leben. Man sollte meinen, dass diese Kluft sich nach der Tempelzerstörung verringerte, doch das Gegenteil war der Fall: Viele Normbereiche, die zuvor identisch gewesen waren, begannen voneinander abzuweichen.

In der jüdischen Gemeinde Roms lässt sich für die Zeit vor der Tempelzerstörung der Einfluss der frühen rabbinischen Tradition feststellen, vermutlich begünstigt durch die ausgedehnten Pilgerfahrten römischer Juden nach Jerusalem. Nach dem Jahr 70 u. Z. schwand der rabbinische Einfluss. Gesetze, etwa bezüglich der Feiertage und des Gebets, wurden umgestaltet und der Zeit angepasst. Wir behaupten, dass es gerade dieser Bereich des in der östlichen Diaspora und im Land Israel eingeführten Normensystems war, der infolge der Kommunikations- und Sprachbarriere nicht in die westliche Diaspora gelangen konnte. Als nach der Zerstörung des Tempels die Führer der jüdischen Gemeinde im Land Israel um deren künftige Lebensmöglichkeiten kämpften, wurde aus dem Normenunterschied zwischen den Gemeinden im Land Israel und in der westlichen griechischsprachigen Diaspora ein beinahe ideologischer Gegensatz. In der Mitte des zweiten Jahrhunderts u. Z. kam in der rabbinischen Literatur beispielsweise die Auffassung von der »Unreinheit fremden Landes« auf, die zu einem Gesetz ausformuliert wurde, das dem jüdischen Leben in der Diaspora grundsätzlich einen minderen Rang zuwies. Es herrschte unter den Rabbinen sogar die Auffassung, das Leben nach den Geboten der Tora sei außerhalb des Landes Israel nicht von Wert, sondern stelle nur eine Methode dar, die Gebote für die letztendliche Heimkehr nach Zion zu rekapitulieren: »Stell dir Merksteine auf.« So gesehen hatte man die Tora nur erhalten, um ihre Gebote im Land Israel zu erfüllen, während ein Leben nach der Tora in der Diaspora ausschließlich den Zweck hatte, die Tora in der Zeit bis zur Rückkehr ins Land Israel nicht dem Vergessen anheimfallen zu lassen.

Ed Parish Sanders hat bereits ausführlich dargelegt, dass die Juden der Diaspora in der Zeit des zweiten Tempels nicht den Vorschriften der pharisäischen Führung im Land Israel Folge leisteten, wenngleich sie dem jüdischen Gesetz große Bedeutung beimaßen und es einzuhalten wünschten.

> »Ganz und gar auf sich gestellt, ohne Pharisäer, die eilenden Fußes das Mittelmeer umrundeten und ihnen sagten, was zu machen sei, lasen die Diasporajuden die Bibel und taten, was ihnen als angemessen erschien [...]. Die Diasporajuden liebten das Gesetz nicht weniger und wollten es einhalten; sie brauchten die Pharisäer nicht, damit diese ihnen sagten, was zu tun sei.«

Die von vielen Wissenschaftlern vertretene Ansicht, die Rabbinen hätten die gesamte Diaspora beherrscht, hält Sanders für unbegründet. Sanders belegt seine These in erster Linie mit Quellen aus der Zeit vor der Tempelzerstörung, und der Schluss liegt nahe, dass sie für die Zeit nach der Zerstörung, als Diasporajuden seltener ins Land Israel reisten und die Verbindung sich lockerte, sogar noch mehr zutreffen dürfte. So stellt Sanders beispielsweise fest, dass die Juden, die zu den Festen ins Land Israel pilgerten, sicherlich mit den erforderlichen rituellen Waschungen vertraut waren und sich vor Betreten des Tempels reinigten. Es gibt jedoch keine Beweise dafür, dass es zu jener Zeit in der Diaspora rituelle Bäder gab. Ähnlich dürfte es in Bereichen des jüdischen Rechts ausgesehen haben, die nicht durch die Pilgerfahrten ins Land Israel angesprochen werden. Die Juden der griechischen Diaspora lasen die Bibel und befolgten deren Gebote gemäß ihrem Verständnis und entsprechend der Tradition, die sie übernommen hatten.

Es ist daher einleuchtend, dass diese Juden die Gesetze der Kaschrut (Speisegesetze) einhielten, einen Bereich jüdischen Rechts, den die Bibel selbst eindeutig festlegt; das Einhalten der Kaschrut wird von jüdischen wie nichtjüdischen Quellen bezeugt.

Vor der Tempelzerstörung halfen Pilgerfahrten und Geldschenkungen an den Tempel, die feste Verbindung mit dem nationalen und spirituellen Zentrum im Land Israel aufrechtzuerhalten. Selbst nach der Zerstörung hörten die Juden der Diaspora mit dem Übersenden von Spenden nicht auf, um die Institution des Nasi (des Ranghöchsten) zu finanzieren. Es gibt jedoch überzeugende Beweise dafür, dass sie dies nach einiger Zeit und mit zunehmender Lockerung des Kontakts als ein überholtes und unnötiges Verfahren ansahen, das nichts zur Bewahrung des Zusammenhalts beitrug. In zwei römischen Gesetzen aus den Jahren 363 und 399 u. Z. geht es um die Aufhebung der Steuer, die man im Land Israel zugunsten des Nasi eingezogen hatte. Im zweiten (Gesetz Nr. 30) heißt es:

> »Es ist eine Angelegenheit schändlichen Irrglaubens, dass die Synagogenvorsteher, die Ältesten der Juden und jene, die man Apostel nennt, ausgesandt an einem bestimmten Tag vom Patriarchen zum Einfordern von Gold und Silber, von jeder Synagoge eine Summe eintreiben und erhalten und ihm aushändigen. Daher soll alles, wovon wir wissen, dass es innerhalb eines bestimmten Zeitabschnitts eingesammelt worden ist, gewissenhaft an unsere Staatskasse abgeliefert werden, und wir verfügen, dass von nun an nichts mehr an die oben Genannten geschickt werden soll.«

Einerseits lassen diese Gesetze keinen Zweifel daran, dass die Juden bis zu diesem Zeitpunkt der Nasi-Verwaltung Geld geschickt haben. Andererseits deutet die Tatsache, dass die Römer glaubten, die Bande zwischen der griechisch- und lateinischsprachigen Diaspora und dem Nasi im Land Israel kappen zu können, darauf hin, dass sie diese Verbindung wohl für eine rein bürokratische hielten. Mit dem Erlass dieser beiden Gesetze wollte man offensichtlich den Bedürfnissen der Juden entsprechen, für die die Steuer eine überflüssige Bürde war. Erhoben wurde die Steuer von der Verwaltung des Nasi, während ihr Einzug vom römischen Recht geregelt war. Zu einem bestimmten Zeitpunkt wurde jedoch das betreffende Gesetz außer Kraft gesetzt und der Nasi konnte die Steuer nicht länger erheben. Das spricht für die These, dass sich die Verbindung zwischen der westlichen Diaspora und dem Land Israel zunehmend lockerte. Denn diejenigen jüdischen Gemeinden in der östlichen aramäischsprachigen Diaspora, die zufällig unter römischer Herrschaft standen, hinderte die Aufhebung der Steuer nicht daran, weiterhin intensive Beziehungen zu den Rabbinen zu unterhalten. Wenn aber die Nasi-Verwaltung eine Institution von spiritueller und halachischer Bedeutung und von Einfluss auf die Juden der westlichen Diaspora gewesen wäre – was sie nicht war –, dann hätten diese Juden ohne Zweifel ein starkes Interesse an der weiteren Erhebung der Steuer gehabt. Anscheinend war diese Steuer im dritten und vierten Jahrhundert also ein Relikt der Vergangenheit, und die Juden der westlichen Diaspora konnten nicht mehr nachvollziehen, weshalb sie diese Spenden erbringen sollten. Der Kaiser griff ein, weil er Realitätssinn hatte. Was er tat, war nicht gegen die Juden gerichtet, sondern eher zu ihren Gunsten. Die Kluft zwischen den beiden von unterschiedlichen Normen geregelten Welten wurde breiter und die Bindung zwischen ihnen entsprechend schwächer. Der Wortlaut des Gesetzes von 399 legt nahe, dass die »Apostel« nur noch Gesandte waren, die Silber und Gold zu überbringen hatten.

Wir stützen uns auf die von den meisten Forschern geteilte Annahme, dass die Juden im Westen weder des Hebräischen noch des Aramäischen mächtig waren und sich in ihrem religiösen Leben nur des Griechischen bedienten, die Toralesung und das Gebet eingeschlossen. Die Tora war im dritten Jahrhundert v. u. Z. ins Griechische übersetzt worden, der Rest der Bibel in den Jahrhunderten danach. Bemerkenswerterweise wurde die Übersetzung ins Griechische in bestimmten rabbinischen Kreisen als ein Erfordernis der Zeitumstände angesehen. Die Weisen hatten eingesehen, dass es ganze Diasporagemeinden gab, die nur noch griechisch sprachen, und dass diese ohne eine zuverlässige Übersetzung dem jüdischen Volk verloren gehen würden. Die Weisen kämpften also um die Bewahrung des Hebräischen als alleinige Sprache für religiöse Handlungen wie das Gebet und das Studium der Tora, während sie gleichzeitig dafür sorgten, dass die griechischsprachigen Gemeinden eine verbindliche Übersetzung der Heiligen Schrift erhielten. Ein illustres Beispiel hierfür ist die Bibelübersetzung des Aquila, eines Schülers von Rabbi Akiba, der die Septuaginta nach jener spezifischen Methode des Rabbi Akiba übertrug, die jedem Buchstaben und jedem Wort besondere Bedeutung zumaß. Die Weisen stimmten dieser Übersetzung im Großen und Ganzen zu. Nichtsdestotrotz blieb die rabbinische Literatur jener Zeit – der Midrasch und die Mischna – unübersetzt, ganz gleich ob mündlich oder schriftlich überliefert. Auch in der Folgezeit blieb diese Literatur den griechischsprachigen Juden verschlossen. Die Forschung stimmt darin überein, dass die Weisen im Land Israel das Griechische mehr oder weniger beherrschten; wir möchten jedoch betonen, dass man daraus nicht schließen kann, die Juden in der griechischen Diaspora seien des Hebräischen mächtig gewesen. Wir werden auf das Übersetzungsproblem noch zurückkommen.

Unsere These wird gestützt durch Forschungen zu Inschriften, die man in Synagogen im Land Israel und in der griechischen Diaspora entdeckte. Diese Funde legen gewichtige Schlussfolgerungen bezüglich der Unterschiede zwischen den jüdischen Gemeinden des Landes Israel und der Diaspora nahe – Unterschiede, die in erster Linie aus der Sprachbarriere resultieren dürften. Etwa hundert Synagogeninschriften hat man in der griechischen Diaspora ausfindig gemacht. Durch diese Funde wissen wir jetzt sehr viel mehr über die griechische Diaspora, zumal dabei Gemeinden entdeckt wurden, über die zuvor nichts bekannt war. Alle diese Inschriften sind griechisch, während die, die man in Synagogen im Land Israel fand, in griechischer, aramäischer und hebräischer Sprache abgefasst sind. Wichtiger sind jedoch die Unterschiede zwischen dem Inhalt der Inschriften, die aus dem Land Israel stammen, und dem der Inschriften aus der griechischen Diaspora. Lea Roth-Gerson hat sehr überzeugend gezeigt, dass der griechische Begriff *soteria* (Rettung) vornehmlich in Inschriften der griechischen Diaspora und gelegentlich in griechischen Inschriften im Land Israel anzutreffen ist, niemals aber in hebräischen und aramäischen Inschriften. Ebenso stoßen wir in den griechischen Inschriften auf die typisch hellenistische Gepflogenheit, den jeweiligen Stifter in den Vordergrund zu rücken, während sich in den aramäischen und hebräischen Inschriften die rabbinische Weltsicht zeigt, die die Gemeinschaft ins Zentrum stellt. Wie Roth-Gerson außerdem zeigt, werden die Stifter in den östlichen Inschriften mit guten Wünschen und Segensworten geehrt, in den Inschriften der griechischen Diaspora jedoch in ganz anderer Weise. Zum Beispiel heißt es in griechischen Inschriften im Land Israel: »Es soll seiner zum Guten und zum Segen gedacht werden«, was eine direkte Übersetzung der hebräischen und aramäischen Begrifflichkeit ist. Dagegen verwenden die Inschriften der griechischen Diaspora zwar den Ausdruck *eulogia* (Segen), doch nicht in dem Zusammenhang, in dem er im Land Israel gebraucht wird. Diese drei Beispiele verweisen auf dreierlei Sachverhalte. Erstens zeigen die Synagogeninschriften, dass sich die Synagogen des Landes Israel in ihrem Charakter von denen der griechischsprachigen Diaspora unterschieden. Zweitens – und das ist viel wichtiger – erscheint das Land Israel stark von der rabbinischen Weltsicht beeinflusst, die westliche Diaspora hingegen deutlich von der hellenistischen Kultur. Mehr noch: Wir sehen, dass die Synagoge im Land Israel von beiden Kulturen beeinflusst war und sowohl aus der hebräischen wie auch aus der griechischen Kultur schöpfte. Die westliche Synagoge übernahm gar nichts vom Modell der östlichen Synagoge. Dieser dritte Sachverhalt legt nahe, dass in der griechischen jüdischen Welt der Einfluss von West nach Ost und nicht umgekehrt verlief. Die griechischen Inschriften im Land Israel spiegeln Motive aus den Inschriften in der westlichen Diaspora wider; die griechischen Inschriften in der westlichen Diaspora sind unbeeinflusst von den griechischen Inschriften im Land Israel. Bestandteile der griechischen Inschriften im Land Israel, die unverkennbar Übersetzungen hebräischer und aramäischer Inschriften waren, gelangten demzufolge nicht in den Westen, während griechische Inschriften aus dem Westen auf griechische Inschriften im Land Israel einwirkten.

Im Gegensatz zur überwiegenden Forschungsmeinung sind wir der Ansicht, dass die Gemeinden des Westens auch von den Rabbinen nicht als integraler Bestandteil der Diaspora im rabbinischen Sinn betrachtet wurden. Wir werden dies anhand der einschlägigen rabbinischen Literatur belegen.

Zunächst wollen wir festhalten: Der rabbinischen Literatur lässt sich entnehmen, dass die westliche Diaspora keine geistigen Zentren für das Studium der mündlichen Lehre, keine Jeschivot (Talmudhochschulen) und keine Torazentren ausbildete. Dies steht in scharfem Kontrast zu dem, was sich zur gleichen Zeit im Osten – im Land Israel wie in Babylonien – beobachten lässt. Mehr noch: Im gesamten Korpus der mündlichen Lehre (Mischna, Tosefta, beide Talmudversionen und Midrasch) gibt es praktisch keine Gesetze oder Aussprüche, die den Weisen der westlichen Diaspora zugeschrieben werden. Von den Hunderten von Rabbinen, die an der kollektiven, mehrere Generationen umspannenden Schöpfung des Korpus der mündlichen Lehre teilhatten, waren nahezu alle aus dem Osten. Aus dem Westen hingegen vernimmt man hierzu fast gar nichts. Uns scheint, dass die Wissenschaftler die Signifikanz dieser Beweislage unterschätzt haben. Die meisten haben diesen Sachverhalt ohnehin ignoriert, während einige die irrige Behauptung aufgestellt haben, die Rabbinen des Westens hätten am rabbinischen Diskurs des Ostens partizipiert. Wir glauben, dass sich durch eine sorgfältige Prüfung der Belege das Fehlen jeglicher rabbinischer Stimmen aus dem Westen bestätigen wird.

Tatsächlich finden die rabbinischen Weisen des Westens im Talmud kaum Erwähnung. Todos Isch Romi (der Römer) und Mattja ben Heresch, beides »Westler«, gingen vom Land Israel nach Rom, um dort eine Jeschiva zu gründen. Doch die Verweise auf die beiden sind so spärlich, dass dies eigentlich auf das fast völlige Fehlen rabbinischer Lehre im Westen hindeutet. Dass von Todos' Lehrtätigkeit in der ganzen rabbinischen Literatur nur ein einziges Mal die Rede ist, setzt seinen Rang eher herab. In der Tosefta heißt es, dass er mit seiner Anweisung, in der Pessachnacht ein Lamm zu sich zu nehmen, »beinahe heilige Opferspeise außerhalb (Jerusalems) essen« ließ (Tosefta *Betza* 2,15). In der rabbinischen Literatur findet sich auch nur ein einziger Hinweis auf seine Auslegung aggadischer Texte. Wir wissen tatsächlich nichts über diesen Gelehrten. Sogar die Schätzungen der Wissenschaftler, wann er gelebt hat, differieren um 200 Jahre: zwischen dem ersten Jahrhundert v. u. Z. und dem ersten Jahrhundert u. Z. Wie lässt sich erklären, dass wir über einen bekannten Gelehrten in Rom fast keine Informationen haben? Gibt es einen bedeutenden Tanna oder Amora, von dem wir nicht wissen, in welcher Generation er lehrte, was er in seinem Leben unternahm, wer seine Lehrer und seine Schüler waren? Und wie ist es möglich, dass der Talmud von einem bedeutenden Gelehrten lediglich ein einziges Gesetz und eine einzige homiletische Anweisung verzeichnet – und noch dazu beiläufig? Offensichtlich hat es in Rom tatsächlich einen jüdischen religiösen Führer gegeben, der Todos (oder Tavdas) hieß, doch der Umstand, dass er im Talmud praktisch keine Erwähnung findet, belegt den fehlenden Kontakt zwischen den Weisen im Land Israel und der jüdischen Gemeinde in Rom. Ähnlich steht es mit Mattja ben Heresch, der vom Land Israel nach Rom gegangen sein soll, um eine Jeschiva zu gründen: Interessanterweise wissen wir letztlich nichts darüber, was er in Rom gemacht hat. Uns ist nicht bekannt, ob er eine Jeschiva gründete und wenn ja, was dort unterrichtet wurde. In der gesamten rabbinischen Literatur ist nirgendwo von einem neuen Gedanken die Rede, der dort seinen Ursprung hatte. Augenscheinlich hatte Mattja ben Heresch keine Schützlinge, die er förderte, und wir wissen nichts von den Arbeiten seiner Talmudhochschule oder ihrem Schicksal. Ebensowenig wissen wir über seine Schüler, und auch etwaige Äußerungen aus der Zeit seines Wirkens in Rom sind uns nicht überliefert.

Des Weiteren wird im Jerusalemer Talmud ungefähr zehnmal Abba der Karthager erwähnt, ein Amora des dritten Jahrhunderts im Land Israel, der aus dem nordafrikanischen Karthago stammte. Ähnlich steht es mit Rabbi Schmuel aus Kappadokien, einem weiteren Weisen aus dem dritten Jahrhundert, der drei- oder viermal im Jerusalemer Talmud erwähnt wird, oder auch mit Rabbi Judan aus Kappadokien, einem Amora aus dem vierten Jahrhundert, der bei Rabbi Josi in die Lehre ging. Wir wissen nichts Genaueres über diese Weisen, können aber annehmen, dass sie aus Kappadokien in Kleinasien kamen. Es gibt eine Reihe von vergleichbaren Weisen, die ein einziges Mal im Jerusalemer Talmud erwähnt werden. In allen Fällen haben wir es zweifellos mit Weisen von marginaler Bedeutung zu tun: Sie werden selten genannt und unsere Kenntnisse über sie sind sehr dürftig. Der Talmud gibt zwar an, dass sie aus dem Westen stammen, nicht jedoch, was ihr Titel ist oder was sie dort gemacht haben. Offensichtlich handelt es sich hier um Menschen, die in der Diaspora geboren waren oder deren Familien von dort kamen, die aber unzweifelhaft ihr Torastudium im Land Israel absolviert hatten. In diesem Zusammenhang sollte man auch Rabbi Schimon ben Josi ben Lakonia anführen, auf den in der Talmudliteratur mehrere Male verwiesen wird und von dem behauptet wird, dass seine Familie aus Sparta stamme. Selbst wenn dies zuträfe, würde es unsere These stützen: Nur solche Gelehrte westlicher Herkunft sind im Talmud erwähnt, die entweder selber oder deren Familien ins Land Israel einwanderten und die dort die Tora studierten. Es gibt dagegen keine Belege für Gelehrte aus dem Land Israel, die in den Westen gingen, um die Tora zu lehren, geschweige denn sie zu studieren.

Überdies gab es, wie die Weisen bezeugen, keine Jeschivot in den griechischsprachigen Gemeinden. Wie folgende Quelle zeigt, mussten zwei Offiziere, denen von der römischen Amtsgewalt aufgetragen worden war, sich mit der mündlichen Lehre vertraut zu machen, zu diesem Zweck nach Uscha reisen:

»Einmal sandte die Regierung zwei Offiziere und befahl ihnen: Geht und macht euch zu Juden und seht, was in der Tora Gutes ist. Sie gingen zu Rabban Gamliel nach Uscha und lasen die Schrift und lernten die Mischna, Midrasch, Halakot und Haggadot. In der Stunde des Abschiedes sagten sie zu ihnen: Die ganze Tora ist schön und vorzüglich außer einem (einzigen) Wort, (nämlich) diesem, dass ihr sagt: Das Geraubte des Heiden ist erlaubt, aber das Geraubte des Israeliten ist verboten. Aber wir werden dieses Wort der Regierung nicht bekannt geben.« (*Sifre Devarim* 344)

Es wäre für die beiden Offiziere naheliegend gewesen, eine griechisch- oder lateinischsprachige Institution in der Nähe aufzusuchen. Somit ist klar, dass für sie die nächste Gelegenheit, Mischna und Aggada zu studieren, Uscha war; in Rom war dies offensichtlich nicht möglich. Und wenn das für Rom galt, so dürfen wir annehmen, dass es in den griechisch- und lateinischsprachigen Gemeinden östlich und westlich von Rom wahrscheinlich nicht anders war.

Ein zweites Indiz, das talmudische Quellen liefern, sind die Spannungen zwischen dem Land Israel und der Diaspora wegen der Heiligung des Neumonds und der Ordination von Rabbinen: Sie betreffen eindeutig nur die östliche Diaspora. Wir finden keinen einzigen Beleg dafür, dass Weise der westlichen Diaspora Verantwortung für die Heiligung des Neumonds und die Ordination von Rabbinen übernehmen wollten. Das entspricht dem weiter oben beschriebenen Sachverhalt, dass die westliche Diaspora nicht mit der mündlichen Lehre vertraut war. Die Nachricht von der Heiligung des Neumonds, über die der Gerichtshof im Land Israel entschieden hatte, wurde durch ein System von Feuerzeichen und durch Gesandte bekanntgegeben, denn sie war schließlich auch für die Diaspora von Bedeutung. In allen Quellen, die sich dieser Frage widmen, findet sich jedoch kein einziger Hinweis auf die westliche Diaspora. Man gewinnt so den Eindruck, dass nur die östliche Diaspora in das rabbinische Kommunikationsnetz eingebunden war. Dies zeigt das folgende Zitat:

»(Es gibt) zwei Arten der Vermutung für die Priesterschaft: Das Erheben der Hände und die Verteilung bei den Tennen im Land Israel. Aber in Syrien bis dahin, wo der Abgesandte des Monatsanfangs hinkommt, (entsteht die Vermutung für die Priesterschaft nur) durch Erheben der Hände, aber nicht durch Verteilung bei den Tennen. Und Babylonien ist Syrien gleichgestellt. R. Schim'on b. El'azar sagt: Früher auch Alexandria, als dort ein Gericht war.« (Tosefta *Pea* 4,6)

In einem anderen Zusammenhang wird ein Brief erwähnt, den die Weisen aus Jerusalem an die Diaspora sandten und in dem eine Reihe von Themen angesprochen werden, darunter die Interkalation des Monats. Auch hier ist nicht zu übersehen, dass die westliche Diaspora in das Verteilersystem nicht einbezogen war.

Zudem war der Brief auf Aramäisch geschrieben, was bedeutet, dass er sich an die östliche Diaspora richtete:

»Geschehnis mit Rabban Gamli'el und den Ältesten, die auf den Stufen auf dem Tempelberg saßen, während der Schreiber Johanan anwesend war. Er sagte zu ihm: Schreibe folgendes an unsere Brüder im oberen und unteren Galiläa: Möge euer Friede groß werden! Wir teilen euch mit, daß die Zeit gekommen ist, den Zehnten aus den Olivengefäßen herauszunehmen und einzusammeln. (Schreibe weiterhin) an unsere Brüder im oberen und unteren Süden: Möge euer Friede groß werden! Wir teilen euch mit, daß die Zeit gekommen ist, den Zehnten von den Garben herauszunehmen und einzusammeln. (Schreibe schließlich) an unsere Brüder, die Mitglieder der Diaspora in Babylon, die Mitglieder der Diaspora in Medien und die übrige Diaspora Israels: Möge euer Friede groß werden! Wir teilen euch mit, daß die Tauben klein und die Lämmer mager sind und daß der Frühling noch nicht gekommen ist, weshalb es mir und meinen Genossen richtig erscheint, diesem Jahr dreißig Tage hinzuzufügen.« (Tosefta *Sanhedrin* 2,6)

Es gibt eine andere Belegstelle, in der erörtert wird, wie Rabbi Me'ir nach Asien reiste, um das Jahr zu interkalieren:

»(Da war) ein Geschehnis, dass R. Me'ir nach Asien ging, um das Jahr zu interkalieren, und er fand dort keine hebräisch geschriebene Rolle vor. Er schrieb sie auswendig auf, und las aus ihr vor.« (Tosefta *Megilla* 2,5)

Nach Gedaliah Alon bezieht sich diese Quelle auf Etzion Gever, einen Ort, der sehr nahe am südlichen Teil des Landes Israel lag und wegen der geringen Entfernung als Teil davon angesehen wurde.

Ein drittes Indiz hat mit der Abgabe des Zehnten außerhalb des Landes Israel zu tun. Shmuel Safrai und andere behaupten, dass die Juden der Diaspora selbst in der Zeit des Tempels Zehnte und *terumot* (Abgaben) ins Land Israel zu schicken pflegten. Sanders wendet dagegen ein, dass es nach seiner Auslegung der Quellen keinen Beweis für diese Behauptung gebe. Das Gegenteil sei der Fall, sagte er. Möglicherweise habe man freiwillige Geldspenden übersandt und sicherlich sei eine Tempelsteuer gezahlt worden, aber Zehnte und *terumot* habe man nicht geschickt. Es gibt eine wichtige Belegstelle in der rabbinischen Literatur, in der es um die Grenzen des Landes Israel geht und in der die Frage erörtert wird, ob Syrien zum Land Israel gehört. Diese Diskussion zeigt deutlich, dass die Verpflichtung, *terumot* zu geben, nur für Gebiete galt, die als Teil des Landes Israel angesehen wurden. Dementsprechend haben wir keinerlei griechische Quellen, aus denen schlüssig hervorgeht, dass Mitglieder der griechischen Diaspora die Pflicht hatten, *terumot* abzuliefern. In der folgenden Mischna aus dem Traktat *Jadajim* wird eine Kontroverse der Weisen erörtert, ob außerhalb der Grenzen des Landes Israel im Schabbatjahr der Zehnte abzuliefern sei:

»An jenem Tag sagten sie: Wie steht es mit Ammon und Moab mit dem Sabbatjahr? Es entschied Rabbi Tarfon, Armenzehnt (ist abzugeben). Aber es entschied Rabbi Ela'zar ben 'Azarja, der zweite Zehnt (ist abzugeben). Rabbi Jischma''el sagte: Ela'zar ben 'Azarja! An dir ist es, den Beweis zu erbringen, denn du erschwerst, und jeder, der erschwert, muss den Beweis erbringen. Es sagte zu ihm Rabbi Ela'zar ben 'Azarja: Jischma''el, mein Bruder: Ich ändere nichts an der Reihenfolge der Jahre, Tarfon, mein Bruder, hat geändert und es ist an ihm, den Beweis zu erbringen. Es entgegnete Rabbi Tarfon: Ägypten ist Ausland, Ammon und Moab sind Ausland. Was (gilt) für Ägypten? (Die Abgabe des) Armenzehnt im Sabbatjahr! Auch (für) Ammon und Moab (gilt die Abgabe des) Armenzehnt im Sabbatjahr. [...] Es sagte zu ihm Ela'zar ben 'Azarja: Sieh, du glaubst ihnen einen Vorteil an Vermögen zu verschaffen, aber verdirbst doch nur ihr Leben! Du hinderst den Himmel, Tau und Regen herabströmen zu lassen, denn es wird gesagt: ›Beraubt ein Mensch Gott? Denn ihr beraubt mich! Aber ihr sagt: Woran haben wir dich beraubt? Am Zehnt und an der Priesterhebe!‹ (Mal 3,8) Es sagte Rabbi Jehoschua': Nun, ich möchte für den Vorschlag Tarfons, meines

Bruders, eintreten, aber nicht in der Art seiner Ausführungen: Ägypten ist ein neuer Beschluss, aber Babel ist ein alter Beschluss, und der Entscheid, der vor uns (liegt), ist ein neuer Beschluss, man folgert einen neuen Beschluss aus einem neuen Beschluss, aber man folgert nicht einen neuen Beschluss aus einem alten Beschluss! ›Ägypten‹ ist ein Beschluss der Ältesten, aber ›Babel‹ ein Beschluss der Propheten, und der Entscheid, der vor uns (liegt), ist ein Beschluss der Ältesten, man folgert einen Beschluss der Ältesten aus einem Beschluss der Ältesten, aber man folgert nicht einen Beschluss der Ältesten aus einem Beschluss der Propheten! Sie stimmten ab und entschieden: Ammon und Moab (geben) im Sabbatjahr den Armenzehnt (ab). Als nun Rabbi Jose ben Durmaskit zu Rabbi Eli'ezer nach Lud kam, sagte er zu ihm: Was gab es heute Neues im Lehrhaus? Er sagte zu ihm: Sie stimmten ab und entschieden, Ammon und Moab (geben) im Sabbatjahr den Armenzehnt (ab). Es weinte Rabbi Eli'ezer und sagte: ›Des Herrn Rat ist bei denen, die ihn fürchten, und seinen Bund lässt er sie wissen‹ (Ps 25,14). Geh und sage ihnen: Seid nicht besorgt über eure Abstimmung! Ich habe eine Überlieferung von Rabbi Johanan ben Zakkai, die er von seinem Lehrer gehört hat, und sein Lehrer von seinem Lehrer als Halaka Moses vom Sinai, dass Ammon und Moab im Sabbatjahr den Armenzehnt abzugeben haben.« (Mischna *Jadajim* 4,3)

Ganz gleich, ob wir diese Belegstelle als Reflex einer realen Situation ansehen, in der Abgaben aus fernen Gebieten der Diaspora ins Land Israel geschickt wurden, oder als »romantische« Schilderung eines Ideals: In der Mischna wird ein jeder Teil der östlichen Diaspora – Ammon, Moab, Ägypten und Babylonien – deutlich genannt, während Orte der westlichen Diaspora im halachischen Horizont des Mischna-Autors offensichtlich nicht vorkamen.

Eine andere Belegstelle, die dieses Bild untermauert, findet sich im Mischnatraktat *Ta'anit*. Es geht darin um öffentliche Gebete um Regen, die im Land Israel zu Beginn des Winters gesprochen wurden. Die Mischna wirft die Frage auf, wann diese Gebete beginnen sollten, und beantwortet sie folgendermaßen:

»Vom dritten Marheschwan an darf man um Regen bitten. Rabban Gamli'el sagt: Vom siebten (Tag) desselben (Monats) an, fünfzehn Tage nach dem (Laubhütten-)Fest, damit der letzte (Pilger), der in Israel ist, zum Euphrat gelangen kann.« (Mischna *Ta'anit* 1,3)

Damit ist gemeint, dass man nach Sukkot (Laubhüttenfest) mit der Bitte um Regen zwei Wochen warten sollte, damit die Pilger nach Hause gelangen konnten, ohne in den Regen zu geraten. Wieder sehen wir, dass für den Mischna-Autor die Pilger vom Euphrat her, also aus Babylonien im Osten kamen. Pilger, die aus dem Westen anreisten, werden hier nicht erwähnt.

Ein fünftes Indiz ist die Art, wie in den rabbinischen Quellen auf die westliche Diaspora Bezug genommen wird. Zu Beginn unserer Studie verwiesen wir darauf, dass Wissenschaftler im Allgemeinen glauben, die Beziehung der Rabbinen zur östlichen Diaspora gelte auch für die westliche Diaspora. Diese Gleichsetzung stützt sich darauf, dass die westliche Diaspora in der rabbinischen Literatur erwähnt wird. Zwischen den Bezugnahmen auf die östliche und die westliche Diaspora gibt es jedoch große Unterschiede, und zwar in qualitativer wie quantitativer Hinsicht. Tatsächlich veranschaulichen die rabbinischen Quellen zur Diaspora im Westen, wie schwach die Verbindung zwischen dem Zentrum im Land Israel und der griechischen Diaspora war. Einige dieser Quellen werden wir weiter unten genauer betrachten. Zuvor möchten wir jedoch Safrai zitieren, einen jener Experten für jüdische Diaspora, die aus den Quellen eine Entsprechung von westlicher und östlicher Diaspora herauslesen. In seinem Aufsatz »Das Land Israel und die jüdische Diaspora« behandelt Safrai die Verbindung zwischen der Führung des Landes Israel und den Diasporagemeinden nach der Zerstörung des Tempels, also in einer Zeit, in der die Diaspora aufgrund der Auswanderung aus dem Land Israel und einer Welle von Bekehrungen zum Judentum beträchtlich an Größe zunahm:

»Bis zum Ende der tannaitischen und der amoräischen Periode war die mündliche Lehre nicht zusammengeführt und nicht in den Büchern der Halacha, des Midrasch und der Aggada aufgezeichnet. Das Gebetbuch und die regelmäßige Toralektüre wurden in der Zeit der Tannaim festgelegt, der hebräische Kalender hingegen in der amoräischen Periode. Es gibt eine Vielzahl ähnlicher Phänomene. Die Neuerungen im Land Israel, speziell in den Kammern des Rates und im Hohen Gericht, als es nach Javne und dann in die Städte Galiläas übersiedelte, wurden der jüdischen Diaspora mitgeteilt und von ihr angenommen. Die Mischna, die Ende des zweiten und Anfang des dritten Jahrhunderts redigiert worden war, wurde zur Grundlage der mündlichen Lehre und des jüdischen Rechts im Land Israel wie auch in der babylonischen Diaspora. Entsprechend wurde der Ansatz des Midrasch-Halacha, wie er in den Schulen von Rabbi Jischmael und Rabbi Akiba formuliert worden war, in *Israel und Babylonien* für Generationen zum Fundament des Midrasch-Studiums. Die Lebensordnung, die nach der Zerstörung in Israel eingeführt worden war, also die Feiertage, Fastzeiten und die Tage des Gedenkens an die Belagerung Jerusalems und die Zerstörung des Tempels, sowie die Gesetze im Allgemeinen, die man in Israel abgefasst hatte, wurden zum Recht, das für alle – von Israel bis zu den fernen Gebieten der Diaspora – galt. Die meisten Quellen hierzu stammen von den babylonischen Juden, aber wir dürfen annehmen, dass sich dies – zumindest im Großen und Ganzen – auch in den anderen Diasporagemeinden so verhielt.«

Was also die babylonische Gemeinde betrifft, so »wissen« wir ganz sicher, während wir, wenn es um die westliche Diaspora geht, »annehmen dürfen«. Wir zweifeln, ob es sich wirklich so verhält. Gibt es in den Quellen irgendeine Grundlage für Safrais Vermutung, dass das, was wir über Babylonien wissen, auch für die westliche Diaspora gilt? Sehen wir uns die Quellen, die in der Forschung hierzu herangezogen werden, einmal näher an.

1. Es gibt mehrere Belege dafür, dass Rabban Gamliel von Javne zu anderen Gemeinden reist, um Fragen des jüdischen Rechts zu beantworten:

»(Dazu) sagte R. Jehuda: Ein Geschehnis mit Sgabjon, dem Synagogenvorsteher von Akzib, der von einem Nichtjuden in Syrien einen Weinberg im vierten Jahr kaufte und ihm den Kaufpreis entrichtete. Er ging hin und befragte den Rabban Gamli'el, der (gerade) von einem Ort zum anderen zog. Rabban Gamli'el sagte zu ihm: Warte, bis wir bei der Halaka sind.« (Tosefta *Terumot* 2,13)

»R. Juda sagt: Selbst wenn seine beiden Zeugen Kutäer sind, ist er tauglich. R. Juda hat gesagt: Ein Geschehnis, daß man vor Rabban Gamliël in Kefar Utnai den Scheidebrief einer Frau brachte, auf dem kutäische Zeugen eingetragen waren, und er erklärte ihn für tauglich. Alle Urkunden, die auf nichtjüdischen Behörden ausgestellt werden, erklärt R. Akiba insgesamt für tauglich, obgleich ihre Unterzeichneten Nichtjuden sind. Die Weisen aber erklären sie für untauglich.« (Tosefta *Gittin* 1,4)

Es gibt auch Quellen, in denen sich Rabban Gamliel in Tiberias und Lod befindet. Aus ihnen geht jedoch nicht hervor, dass Rabban Gamliel das Meer überquerte. Tatsächlich ist das Gegenteil der Fall: Alle erwähnten Orte liegen entweder im Land Israel oder ganz in der Nähe (Kfar Otnai bei Megiddo und Achziv), und es gibt keinen Hinweis darauf, dass Rabban Gamliel außerhalb des Landes Israel umherreiste, um in Gemeinden halachische Beratungen abzuhalten.

2. Es wurde auch die Auffassung vertreten, an Rabban Gamliel seien halachische Anfragen von der anderen Seite des Mittelmeers gerichtet worden. Diese Ansicht stützt sich auf folgende Stelle im Babylonischen Talmud:

»R. Jehuda sagte im Namen Šemuéls: Die Leute aus dem Überseeland ließen R. Gamliél fragen: Wie haben die Leute, die von dort nach hier kommen, die Joseph heißen und Johanan genannt werden, oder Johanan heißen und Joseph genannt werden, sich von ihren Frauen scheiden zu lassen? Da trat R. Gamliél auf und ordnete an, daß man den Namen des Mannes und all seine Beinamen, sowie den Namen der Frau und all ihre Beinamen schreibe, als vorsorgende Institution.« (Babylonischer Talmud *Gittin* 34b)

Es muss jedoch darauf hingewiesen werden, dass diese Quelle aus Babylonien stammt und zudem weit nach Rabban Gamliel datiert und dass wir über keine parallele Quelle in der rabbinischen Literatur aus dem Land Israel oder aus der Zeit des Rabban Gamliel verfügen. Mit einiger Sicherheit lässt sich sagen, dass der Talmudweise Schmuel hier keinen historischen Bericht liefern wollte und diese Belegstelle folglich kein geschichtliches Dokument darstellt. Eher handelt es sich um eine didaktische Erläuterung des in der Mischna diskutierten Bescheids von Rabban Gamliel.

3. Ferner wurde behauptet, in der Zeit, als der Sanhedrin in Javne untergebracht war, seien halachische Anfragen aus den entlegensten Gebieten der Diaspora dorthin geschickt worden. Eine sorgfältige Überprüfung der Quellen zeigt jedoch, dass alle erwähnten Orte innerhalb der Grenzen des Landes Israel oder in unmittelbarer Nachbarschaft (Tiv'on, Gennesaret, Sidon, Sepphoris, Hamat Gader) liegen. Es gibt nur einen Beleg, der für die oben genannte Behauptung sprechen könnte. Er taucht an drei verschiedenen Stellen auf und lautet wie folgt:

»Wegen dieser Halaka kamen die Söhne Asias an drei Wallfahrtsfesten nach Jabne; am dritten Wallfahrtsfest erklärten sie (es) ihnen für tauglich.« (Tosefta *Chullin* 3,10)

Dies ist offensichtlich eine wichtige Quelle. Sie zeigt, dass Menschen, die in Asien lebten, nach Javne kamen, um Fragen bezüglich der Halacha zu stellen. Dieselbe Formulierung finden wir an zwei anderen Stellen der Tosefta, in denen es um das Gesetz der roten Färse und Vorschriften für rituelle Waschungen geht:

»Wegen dieser Halaka kamen die Söhne Asias an drei Wallfahrtsfesten nach Jabne; am dritten Wallfahrtsfest erklärten sie (es) ihnen für tauglich als Entscheidung der Stunde. R. Jose sagte: Nicht über diesen (Fall) haben sie entschieden, sondern über [...].« (Tosefta *Para* 7,4)

»Ein Wasserturm, der Wasser in den Ortschaften verteilt, macht, wenn er ein Loch (so weit) wie die Röhre des (Wasser)-schlauchs hat, das Tauchbad nicht untauglich; wenn aber nicht, so macht er das Tauchbad untauglich. Wegen dieser Halaka kamen die Söhne Asiens [in der Übersetzung fälschlich: Söhne des Asiro] an drei Wallfahrtsfesten nach Jabne, und am dritten Wallfahrtsfest erklärten sie für tauglich, selbst wenn er ein Loch wie eine Nadel hat.« (Tosefta *Mikwa'ot* 4,6)

Anscheinend geht es in diesen Quellen jeweils um eine praktische halachische Frage. Doch wie konnte das Gesetz der roten Färse für die Diaspora von Bedeutung sein, wo es sich doch auf Probleme der Reinheit und Unreinheit bezieht, die nur im Land Israel und im Tempel eine praktische Bedeutung hatten? Diese Unstimmigkeit spricht für die weiter oben erwähnte Schlussfolgerung Alons, dass mit Asien in Wirklichkeit Etzion Gever gemeint ist, das dicht an der Grenze des Landes Israel lag und nach jüdischer Rechtsvorstellung Teil dieses Landes war. Zweifellos war die Diaspora mit Kontakt zum Land Israel nicht weit von diesem entfernt, und es handelt sich nicht um die westliche Diaspora. Wir haben keine rabbinischen Quellen, aus denen hervorgeht, dass aus der westlichen Diaspora halachische Anfragen an die Schule in Javne gerichtet wurden.

4. Eines der weithin bekannten Argumente besagt, dass die Weisen vom Land Israel aus die gesamte Diaspora bereisten, um die Halacha zu lehren. Doch auch hier zeigt eine sorgfältige Prüfung der Quellen, über die wir verfügen, dass die meisten Orte, die die Weisen besuchten, entweder jenseits des Jordan oder im Norden

des Landes an der Mittelmeerküste nahe Tyrus und Sidon oder aber in Syrien oder Ägypten lagen. Es gibt praktisch keine Zeugnisse für eine Verbindung mit der Diaspora jenseits des Mittelmeers:

»Rabbi Akiba erklärte, als er aus Tziprin (offenbar ein Ort in Syrien) kam [...].« (Tosefta *Bava Kama* 10,17)

»Einst traf R. Jehošuá b. Levi in Gabla ein und sah Reben, die wie Kälber lagen. Da rief er: Kälber zwischen den Weinstöcken!« (Babylonischer Talmud *Ketubbot* 112a)

Gabla im östlichen Transjordanien wird auch in einer Quelle im Zusammenhang mit Rabbi Hijja bar Abba erwähnt:

»R. Hija b. Abba kam einst nach Gabla und beobachtete, daß da jüdische Töchter von beschnittenen und nicht untergetauchten Nichtjuden geschwängert wurden. Ferner beobachtete er, daß da Nichtjuden Wein verschnitten und Jisraéliten ihn tranken. Ferner beobachtete er, daß da Nichtjuden Lupinen kochten und Jisraéliten sie aßen. Er sagte ihnen aber nichts. Als er hierauf zu R. Johanan kam, sprach dieser zu ihm: Geh und mache bekannt, daß ihre Kinder Hurenkinder sind, daß ihr Wein Libationswein ist, und daß ihre Lupinen als von Nichtjuden gekocht (verboten) sind, weil sie im Gesetze unkundig sind.« (Babylonischer Talmud *Jebamot* 46a)

Diese Quelle zeigt, dass an diesen Orten das Recht stark differierte.

»R. Jehoschua ben Levi war in Laodikeia und R. Judan sagte zu ihm: ›Warte, bis wir morgen diese Konvertitin taufen.‹ Am nächsten Tag fragte R. Zira R. Jitzchak bar Nachman: ›Warum? War es aus Ehrerbietung, die einem Älteren zusteht, oder war es, weil sie eine Konvertitin nicht nachts taufen?‹ Er sagte zu ihm: ›Es ist, weil sie eine Konvertitin nicht nachts taufen.‹« (Jerusalemer Talmud *Jebamot* 8,1, 8d [Sp. 865])

Laodikeia liegt an der Mittelmeerküste südlich von Antiochia und nördlich von Tyrus und Sidon. Und wieder sehen wir, dass die Orte, zu denen die Weisen reisten, um ihren halachischen Tätigkeiten nachzugehen, in der Nähe des Landes Israel lagen.

Nicht wenige Forscher haben ihre Argumente auf Quellen wie die oben erwähnte Tosefta *Terumot* 2,13 gegründet. Sie besagt, dass Rabban Gamliel während seiner Reise »von einem Ort zum anderen« Achziv im Norden Israels besuchte; doch alles, was wir wirklich wissen, ist, dass er in Achziv ankam.

Es gibt viele Quellen zu Weisen aus dem Land Israel, die zu Orten wie Tyrus und anderswo unweit Syriens kamen. Auch hier geht aus den Belegstellen hervor, was wir weiter oben bereits konstatiert haben: dass vor allem benachbarte Gebiete des Landes Israel bereist wurden, während es keinen oder wenige Kontakte mit den weiter entfernten Gemeinden jenseits des Mittelmeers gab.

Es muss hier differenziert werden zwischen Ägypten, insbesondere Alexandria, und der restlichen griechischen Diaspora im Westen. Die griechisch sprechende jüdische Gemeinde Ägyptens verknüpfte zur Zeit des Tempels ein enges Band mit dem Zentrum im Land Israel, das sehr wahrscheinlich noch in der tannaitischen und der amoräischen Periode gestand. Uns sind aus Alexandria keine Jeschivot oder ähnlich rabbinische Institutionen bekannt. Wir finden in der Literatur jedoch glegentlich Hinweise auf Kontakte einzelner Rabbinen mit Ägypten. Es gibt zwei Rabbinen, die als Ägypter bezeichnet werden: Rabbi Zakkai aus Alexandria und Rabbi Tanchum bar Papa, die beide der dritten Generation der Amoraim angehörten und vielleicht in Alexandria gelebt hatten. Da sie im Talmud nur an einigen Stellen erwähnt werden, wissen wir wenig über sie und können davon ausgehen, dass sie dauerhaft in Ägypten ansässig waren; jedenfalls ist ihr Beitrag zum rabbinischen Korpus nur marginal.

Andererseits ist es denkbar, dass Rabbinen, die nach Alexandria reisten, die dort lebenden Juden sporadisch in Fragen der Praxis unterwiesen haben. Es dürfte ihnen dagegen nicht gelungen sein, den gesamten mündlichen Erbschatz in hebräischer und aramäischer Sprache an die ägyptische Diaspora zu vermitteln, denn diese beruhte seit alters her auf dem Griechischen. Selbst wenn als rabbinische Lehre und Halacha nach Ägypten gelangt sein sollten, war die Quantität der eingedrungenen Elemente, verglichen mit dem gewaltigen rabbinischen Korpus, das zu dieser Zeit entstand, vernachlässigenswert.

Neben den bisher zitierten Quellen gibt es eine sehr begrenzte Zahl von Quellen, die offenbar eine Verbindung mit der westlichen Diaspora bezeugen. Die beiden folgenden Stellen scheinen zu belegen, dass die Weisen der Generation von Javne und der nachfolgenden Generation zu verschiedenen Orten in der gesamten jüdischen Diaspora einschließlich der griechischen reisten, um sich mit diversen Angelegenheiten, darunter halachischen Fragen, zu befassen:

»Es erzählte R. 'Akiba: ›Als ich (einmal) auf das Meer hinausfuhr, sah ich ein Schiff, welches im Meere versank, und ich grämte mich wegen eines Gelehrtenschülers, welcher darauf war. Als ich aber nach Meziga in Kappadokien kam, sah ich ihn, wie er vor mir saß und eine Halaka erörterte. Ich sagte zu ihm: ›Mein Sohn, wie bist du aus dem Meer herausgekommen?‹ Er sagte zu mir: ›Es trieb mich eine Woge ihrer Genossin zu und ihre Genossin ihrer Genossin, bis ich das trockene (Land) erreichte.‹ Ich sprach zu ihm: ›Wie groß sind die Worte der Gelehrten, welche sagen: Wenn das Gewässer Grenzen hat, so ist (es) seine(r) Frau erlaubt, wenn aber das Gewässer keine Grenzen hat, so ist (es) seine(r) Frau verboten (, sich wieder zu verheiraten oder die Schwagerehe einzugehen).‹« (Tosefta *Jebamot* 14,5)

»Es wird gelehrt: R. 'Aqiba erzählte: Als ich in Arabien war, nannte man da den Widder *Jubla*. Ferner erzählte R. 'Aqiba: Als ich in Gallia war, nannte man da die Menstruierende Verlassene. – Was heißt Verlassene? – (Diese ist von ihrem Manne verlassen). Ferner erzählte R. ’Aqiba: Als ich in Afrika war, nannte man da die Ma’a Qesita. In welcher Hinsicht ist dies von Bedeutung? – Zur Erklärung (der Worte) *hundert Qesita* in der Tora, nämlich hundert Danka. Rabbi erzählte: Als ich in den Küstenstädten war, nannte man da den Kauf *Kira*. – In welcher Hinsicht ist dies von Bedeutung? – Zur Erklärung (der Worte:) *das ich mir gekauft (kariti) habe*. R. Šim’on b. Laqiš erzählte: Als ich in der Provinz Kannišraja war, nannte man da die Braut Nymphe und den Hahn Sekhvi. ›Die Braut Nymphe‹, hierauf deutet folgender Schriftvers: *Lieblich erhebt sie sich, die Freude der ganzen Erde*.« (Babylonischer Talmud *Rosch ha-Schana* 26a)

Wir müssen jedoch fragen, ob diese Belege historisch verlässlich sind. Beide Belegstellen enthalten legendenartige Berichte, die nicht als historische Quellen anerkannt werden können. Mehr noch: Sie zielen gar nicht darauf ab, historisch zu sein.

Eine andere Belegstelle, die zweifelhaft erscheint, lautet wie folgt:

»Komm und höre: Ben Jasjan erzählte. Als ich in den Seestädten reiste, traf ich einen Proselyten, der die Frau seines Bruders mütterlicherseits geheiratet hatte. Ich sprach zu ihm: Mein Sohn, wer hat es dir erlaubt? Dieser erwiderte mir: Da ist eine Frau mit ihren sieben Kindern. Auf dieser Bank saß R. ’Aqiba und lehrte zwei Dinge: Ein Proselyt darf die Frau seines Bruders mütterlicherseits heiraten. Ferner sagte er: *Das Wort des Herrn erging an Jona zum zweiten Male also*; zum zweiten Male sprach die Göttlichkeit mit ihm, ein drittes Mal sprach die Göttlichkeit mit ihm nicht mehr.« (Babylonischer Talmud *Jebamot* 98a)

Diese Quelle hat keine Parallele in der übrigen rabbinischen Literatur, und wir wissen nicht einmal, wer ben Jasjan war, der Erzähler der Geschichte. In der Geschichte wird ein Zeugnis aus zweiter Hand wiedergegeben, und der Talmud selbst zweifelt, ob der Zeuge verlässlich ist, da er persönlich von dem Entscheid betroffen ist. Im Unterschied zu den beiden oben genannten dürfte diese Quelle jedoch einen historischen Kern haben, der einen Besuch des Rabbi Akiba in der westlichen Diaspora belegt: Rabbi Akiba hätte sich dann dort mit den Gesetzen zur Konversion befasst, einem wichtigen Problem angesichts der großen Zahl an Konvertiten in dieser Zeit. Eine weitere Quelle, die glaubwürdiger erscheint, ist der Bericht in der Tosefta über Rabbi Natan, der in *Misgat shel Kapotkija* (Caesarea Mazaca, die heutige Stadt Kayseri in Kappadokien) war und dort eine Verfügung über die Beschneidung erließ.

Wie wir bereits bemerkt haben, sind diese Quellen insgesamt eher fragwürdig. Doch selbst wenn wir ihnen historischen Wert zugestehen, spricht ihre geringe Anzahl – im Unterschied zu der Vielzahl von Quellen, die von Besuchen in Babylonien, Ägypten und Orten im nördlichen Grenzgebiet des Landes Israel handeln – für die These, dass es einen deutlichen Bruch zwischen dem Zentrum im Land Israel und der westlichen Diaspora gab.

Zudem ist festzuhalten, dass wir zwar um die Existenz vieler Synagogen in der hellenistischen Diaspora wissen, aber so gut wie keine Zeugnisse über Rabbinen haben, die dort die Tora lasen oder lehrten. Demgegenüber sind politisch motivierte Besuche in Rom und Zusammenkünfte mit den Führern des Imperiums gut dokumentiert. Möglicherweise haben sich die Rabbinen gleichzeitig mit der dortigen jüdischen Gemeinde getroffen. Denkbar wäre auch, dass Gesandte zu den westlichen Gemeinden geschickt wurden, um Gelder zu beschaffen.

Selbst wenn wir annehmen, dass sich die oben genannten Quellen auf Orte in der westlichen Diaspora beziehen und vom Besuch eines bestimmten Weisen berichten, lassen sich doch zusammenfassend folgende Schlussfolgerungen ziehen:

1. Belege zu Besuchen von Rabbinen in der westlichen Diaspora sind spärlich und zweifelhaft, insbesondere im Vergleich zu den zahlreichen Quellen, die die Verbindung zwischen dem Zentrum im Land Israel und der östlichen Diaspora zum Gegenstand haben.

2. Die Anzahl der Orte in der westlichen Diaspora, die in der rabbinischen Literatur erwähnt werden, ist sehr beschränkt. Die rabbinische Literatur nimmt die riesige westliche Diaspora, die es zu jener Zeit gab, fast überhaupt nicht zur Kenntnis. Dies ist besonders auffällig im Vergleich mit der relativ großen Anzahl von Orten, die im zweiten Kapitel der Apostelgeschichte, in den Abschnitten über die Reisen des Paulus (Apg 13 ff.) und in den Paulusbriefen genannt werden und die ein umfassendes Bild von der Geografie der westlichen jüdischen Diaspora geben.

3. Wir behaupten, dass diese Feststellungen deshalb so wichtig sind, weil in der fraglichen Zeit zwei Arten von Judentum entstanden, zwischen denen sich eine wachsende Kluft auftat. Verallgemeinernd könnte man sie als das westliche »Judentum der schriftlichen Tora« und als das östliche »Judentum der mündlichen Lehre« bezeichnen. Während sich im Osten ein neuer Normenmaßstab, die mündliche Lehre, entwickelte, blieben die jüdischen Gemeinden im Westen der Bibel verpflichtet und hielten an der Tradition fest, wie sie vor dem Aufstieg der Rabbinen und ihrer Lehren vorherrschte. Tatsächlich bezeugt das rabbinische Korpus, dass die westliche Diaspora nicht durchgängig mit dem Kommunikationsnetz und der rabbinischen Autorität im Osten verbunden war. Diese Dichotomie verschärfte sich nach der Zerstörung des Tempels. Die Weisen gestehen dies ein und erwähnen es.

Unsere These, die Sprachbarriere habe einen Bruch zwischen Ost und West nach sich gezogen, werden wir nun unter Hinzuziehung von Inschriftenresten überprüfen, die in den betreffenden Gebieten gefunden wurden. Im Süden Europas entdeckte jüdische Grabsteine belegen, dass es dort jüdische Gemeinden gab. Wir bezweifeln, dass diese Juden zu den östlichen jüdischen Gemeinden und zur spirituellen Welt der Rabbinen nennenswerten Kontakt hatten. Folgende Fakten und Interpretationen möchten wir in diesem Zusammenhang vorstellen:

1. Die große Mehrzahl der Inschriften auf jüdischen Grabsteinen ist in griechischer oder lateinischer Sprache abgefasst. Dieser Befund zeigt, dass diese Sprachen die primären, wenn nicht gar die ausschließlichen Sprachen sowohl für die zwischenmenschliche als auch für die öffentliche Kommunikation im geistigen Leben dieser Juden waren.

2. Allerdings findet sich auf einem beträchtlichen Anteil der Grabsteine auch hebräische Schrift. Die hebräischen Inschriften weisen darauf hin, dass diese Juden Hebräisch als ein wichtiges Symbol ihrer Zugehörigkeit betrachteten und dass sie ihr spezifisch jüdisches Selbstverständnis bewahren wollten. Untersucht man aber die Inschriften selbst, dann zeigt sich, dass die Kenntnis des Hebräischen als einer lebenden Sprache bei diesen Juden recht schwach entwickelt war. Mehr noch: Der Inhalt dieser Inschriften steht in keiner Beziehung zu den Neuerungen der Rabbinen. Interessanterweise findet man auf diesen Grabmalen neben den hebräischen Inschriften oder an deren Stelle oft bildhafte Darstellungen jüdischer Symbole, etwa ein Schofar (Widderhorn) oder eine Menora (siebenarmiger Leuchter). Wir werden auf diese Ikonografie noch zurückkommen.

3. Bemerkenswert ist, dass ein hoher Prozentsatz der hebräischen Inschriften aus isolierten Wörtern oder Wendungen besteht, die man auf vielen Grabmalen immer wieder entdeckt hat: etwa *schalom* (Frieden), *schalom al Jisrael* (Friede dem Volk Israel), *schalom al menuhato* (Ruhe in Frieden). Diese Wörter und Wendungen wurden häufig wiederholt und offenbar rein mechanisch abgeschrieben. Unseres Erachtens haben diese Inschriften den Stellenwert von allgemein akzeptierten kulturellen Symbolen. Sie sind jedoch kein Beweis dafür, dass das Hebräische als Umgangssprache diente, und ganz sicher kein Indiz für die Vertrautheit mit dem rabbinischen Hebräisch.

4. Eine Reihe von Grabinschriften weist ein anspruchsvolleres Hebräisch auf, und man stößt auch auf mehrere hebräische Bibelzitate, bisweilen mit griechischer oder lateinischer Übersetzung. Diese Inschriften scheinen relativ jung zu sein. Wir glauben daher, dass im Laufe der Zeit die Hebräischkenntnisse in gewissem Maß zu- und nicht abnahmen, wie man vielleicht erwartet hätte. Wenn unsere Annahme stimmt, dann bedeutet das, dass die Juden im Süden Europas in der Zeit der Entstehung von Mischna und Talmud kein Hebräisch konnten, die Hebräischkenntnisse in den darauffolgenden Jahren mit dem Vordringen der Sprache aus dem Osten nach Südeuropa jedoch langsam wuchsen. In diesem Zusammenhang möchten wir darauf hinweisen, dass das Hebräische zwar gelegentlich als kulturelles Symbol verwendet worden war, aber erst später, nämlich mit der starken Verbreitung der rabbinischen Literatur im neunten Jahrhundert, zu einer Vernakularsprache wurde.

5. Shaye Cohen wies nach, dass die Bezeichnung »Rabbi«, die auf Inschriften in Italien (und an anderen Orten) auftaucht, etwas anderes meint als der in Mischna

und Talmud verwendete Titel gleichen Wortlauts. Das Wort wird hier eher in gemeinverständlicher Weise gebraucht und bezieht sich auf eine Person, die in der Gemeinde einen geachteten Stand hat. Das Erscheinen dieses Titels in den Inschriften ist also noch kein Beweis für eine Führungsposition, die sich parallel zu der im rabbinischen Judentum akzeptierten Position entwickelt hatte.

Alle diese Aspekte einschließlich des Umstands, dass die Inschriften einem begrenzten – vorwiegend südeuropäischen – geografischen Raum entstammen, zeigen, dass sich für die Juden im Westen signifikante hebräische Sprachkenntnisse oder rabbinische Einflüsse aus dem Osten epigrafisch nicht bestätigen lassen. Was jedoch durch all dies bestätigt wird, ist, dass es jüdisches Leben im Süden Europas gab. Die Überprüfung der dreibändigen Ausgabe jüdischer Inschriften vom Balkan, aus Griechenland, von den griechischen Inseln, aus Kreta, Kleinasien, Zypern und anderen Gegenden stützt unsere Behauptungen. Jüdische Präsenz war ganz offensichtlich, und die Vernakularsprache war aller Wahrscheinlichkeit nach Griechisch. Hebräisch ist in diesen Inschriften nur selten zu finden.

Außer den Grabsteinen gibt es weitere aufschlussreiche archäologische Funde, darunter die Überreste von Synagogen im byzantinischen Europa, auf denen jüdische Symbole wie Menora, Schofar und Lulav (Palmzweig) abgebildet sind. Zum Beispiel findet man auf dem Grabstein von Claudia Maximilla und einer jüdischen Familie aus Pannonien (heute Nr. 62.70.1 im Archäologischen Museum von Budapest) neben einer Inschrift in Lateinisch und Griechisch die bildliche Darstellung einer Menora. Die Inschrift stammt aus dem vierten Jahrhundert u. Z., doch dies tut nichts zur Sache: Alle diese

Darstellungen sind biblischer Herkunft und dienten vor der Zeit des zweiten Tempels als ikonografische Symbole.

Der weithin bekannten Auffassung Erwin Ramsdell Goodenoughs, dass die Kunst der hier infrage stehenden Zeit und Region auf ein mit Sicherheit nichtrabbinisches Judentum verweist, können wir uns nicht anschließen. Wir halten uns keineswegs für kompetent, über Kunst zu urteilen, möchten aber darauf hinweisen, dass die jüdischen Symbole der Bibel nicht im Widerspruch zur rabbinischen Praxis standen, weil sie in allen Generationen und über alle geografischen Grenzen hinweg von Dura Europos bis zum Land Israel und Europa akzeptiert wurden. Diese Symbole stellten einen von allen gebilligten und für alle zugänglichen gemeinsamen Nenner zwischen den jüdischen Gemeinden des Ostens und des Westens dar. In der Tat hatten die bildenden Künste aufgrund der oben beschriebenen sprachlichen Kluft im gesamten Judentum die Funktion eines gemeinsamen, für alle verständlichen Kommunikationsmittels. Hinzu kommt, dass es selbst in späteren Zeiten nicht zur Entwicklung spezifisch rabbinischer jüdischer Symbole kam. Bis ins Mittelalter erfüllten die von uns erwähnten alten Symbole, angereichert mit Motiven aus heidnischer und christlicher Kunst, die Bedürfnisse jüdischer Ikonografie. Ein Jude, der dem rabbinischen Judentum verpflichtet war, und ein hellenistischer Jude aus dem Westen konnten beide die jüdische Bildersprache akzeptieren, da diese in jedem Fall mit der Form des Judentums in Einklang stand, die sie übernommen hatten. Die Bildersprache kann eine einheitliche Symbolik bereitstellen, durch die Sprachunterschiede und selbst religiöse Abspaltungen überbrückt werden. Auch einem Juden, der kein Hebräisch kann, ist es möglich, den Bildsymbolen verbunden zu bleiben.

Wir versuchen nun, die Kluft, die sich aufgrund der oben beschriebenen Sprachbarriere in der jüdischen Lebenswelt auftat, konkreter zu fassen, und nehmen dazu zwei Aspekte des jüdischen Lebens in Augenschein: die Feste und das Gebet.

A. Das Pessachfest

Zum biblischen Pessachfest gehört einerseits das Verbot, *chametz* (Gesäuertes) in seinem Besitz zu haben, andererseits das Gebot, *matza* (ungesäuertes Brot) zu essen sowie das Pessachopfer (*korban pessach*) darzubringen. Als das Fest zur Zeit des Tempels begangen wurde, waren die Pilgerreise nach Jerusalem und die öffentliche Opferhandlung zentrale Ereignisse, die für das ganze Volk von großer Bedeutung waren. Der Brennpunkt der Pessachfeierlichkeiten war damals ganz klar Jerusalem. Nach der Zerstörung des Tempels gestaltete die rabbinische Führung den Festtag neu, da dieser sich nun nicht mehr um den Tempel drehen konnte. Wir wollen kurz resümieren, was wir diesbezüglich über die rabbinischen Aktivitäten in den ersten Generationen nach der Tempelzerstörung wissen. Die entscheidende Frage bei unseren Überlegungen ist, ob die Neuerungen der Rabbinen von der hellenistischen Diaspora jenseits des Mittelmeers angenommen wurden. Das Schweigen der griechischen Quellen zum Inhalt des Festtags und der Umstand, dass diese Gemeinden kein Hebräisch sprachen, lassen vermuten, dass die westliche Diaspora bei dem Gesetz blieb, das die griechischen Bibelübersetzungen bereitstellten. Es ist nachdrücklich darauf hinzuweisen, dass in der Zeit, als der Tempel noch intakt war, Pilger aus den Diasporagemeinden jenseits des Mittelmeers nach Jerusalem kamen, um am Pessachopfer teilzunehmen. Diese Verbindung brach offensichtlich nach der Zerstörung des Tempels ab. Wir wollen im Folgenden jede der uns verfügbaren Quellen einzeln prüfen.

Philo von Alexandria wies in seiner Beschreibung des Festmahls am Pessachabend darauf hin, dass das Essen nicht im Vordergrund stand (*Über die Einzelgesetze* 2,144–149). Die Bedeutung des Ereignisses lag eher in der Hinzufügung von »Gebeten und Lobgesängen (*hallel*)«. Man kann davon ausgehen, dass Philos Schilderung sich nicht nur auf das Pessachmahl in Jerusalem bezieht, sondern auf jeden Ort, an dem der Festtag begangen wurde. Im Land Israel trafen die Rabbinen infolge der Zerstörung des Tempels eine Vielzahl von Verfügungen, um das Festmahl neu zu fassen. In der neugestalteten Feier gab es zwei zentrale Elemente: den Text der Haggada und die verschiedenen Symbole, die die Erinnerung an den Auszug aus Ägypten und an das Begehen des Festes im Tempel bewahren sollten. Die Haggada konzentrierte sich auf das Gebot, »die Geschichte des Auszugs nochmals zu erzählen« (*sippur jetziat mitzrajim*) – ein Brauch, der uns aus der Tempelzeit nicht bekannt ist. Zu den neu eingeführten Symbolen gehörten das Essen bitterer Kräuter angesichts des fehlenden Pessachopfers, das Austrinken von vier Gläsern Wein und weitere Rituale, die den Verlauf der Erlösung darstellen. Man könnte annehmen, dass die neuen Symbole von der westlichen Diaspora angenommen wurden, während die Haggada bei den griechisch- und lateinischsprachigen Gemeinden keine Aufnahme fand, weil sie auf Hebräisch verfasst war. Selbst wenn es in diesen Gemeinden Gelehrte gab, die Hebräisch konnten, wird dies keine Auswirkung auf die Pessachfeier gehabt haben, die ihren Platz in der Familie hatte und kein Ereignis der Synagoge war wie etwa das Gebet und die Toralesung. Ganz sicher gab es nicht in jeder Familie jemanden, der Hebräisch sprach. Wir müssen daher davon ausgehen, dass die Haggada und das Gebot des *sippur jetziat mitzrajim* in der westlichen Diaspora nicht zu den Hauptbestandteilen der Pessachfeier gehörten.

Wie alle Opfer, die als *kodaschim kalim* (Opfer mit einem geringeren Grad an Heiligkeit) eingestuft wurden, wurde das Pessachopfer in der Zeit des Tempels im Vorhof des Tempels geschlachtet und überall in Jerusalem gegessen. Es gibt viele Belege dafür, dass das Pessachopfer in ganz Jerusalem gebraten und verzehrt wurde. So erfahren wir etwa, dass »nie jemand zu seinem Genossen [sagte], dass er in Jerusalem keinen Ofen gefunden, um das Pesachopfer zu braten« (*Avot de-Rabbi Natan*, Version A, 35 [Solomon Schechter], 52a). Ähnlich heißt es bei der Schilderung des »letzten Abendmahls«, das ein Pessachmahl war: »Und nach dem Lobgesang gingen sie hinaus zum Ölberg.« (Mt 26,30) Mit anderen Worten: Die Pessachfeier bestand der Beschreibung nach aus zwei Elementen, dem Singen von Lobliedern und dem Verzehr des Opfers. Die Haggada und das Gebot des *sippur jetziat mitzrajim* werden nicht erwähnt. Auch im *Buch der Jubiläen* heißt es, zum Pessachmahl würden Fleisch, Wein und das Singen von Lobliedern gehören. Ebenso beschreibt Philo das Fest: »Sie sind ja nicht zusammengekommen, um wie bei sonstigen Gelagen ihrem Leibe mit Wein und Speisen zu Willen zu sein, sondern um der Väter Brauch unter Gebeten und Lobgesängen zu erfüllen.« (*Über die Einzelgesetze* 2,148)

Auch tannaitische Quellen bezeugen, dass das Opfer unter Lobgesängen verzehrt wurde. Außerdem zeigte sich die zentrale Rolle Jerusalems bei den Pessachfeierlichkeiten vor der Zerstörung des Tempels darin, dass am Vorabend von Pessach tausende Pilger aus der gesamten jüdischen Welt in Jerusalem zusammenströmten. Dennoch machten diejenigen, die hierher kamen, nur einen geringen Anteil an der Gesamtzahl der im Land Israel lebenden Juden und sicherlich einen noch viel geringeren Anteil an der Zahl der Diasporajuden aus. Anscheinend war, wie die zitierten Quellen besagen, das Singen von Lobliedern ein wesentlicher Bestandteil des Pessachopfers. Man sollte folgerichtig annehmen, dass diejenigen, die nicht nach Jerusalem kamen, den Abend mit einem gewöhnlichen Mahl und ohne Lobgesänge (*hallel*) oder Pessachopfer begingen.

Die Haggada wurde nach der Tempelzerstörung von den Tannaim der ersten Generationen als ein Ersatz für das Pessachopfer und die zugehörigen Feierlichkeiten geschaffen. Im zehnten Kapitel des *Pessachim*-Traktats bringt die Mischna eine Parallele zur Haggada, und alle dort genannten Tannaim gehören zur Generation von Javne, der ersten tannaitischen Generation nach der Zerstörung des Tempels im Jahre 70 u. Z. (Rabban Gamliel, Rabbi Akiba, Rabbi Tarfon, Rabbi Elazar bar Tzadok). Louis Finkelstein hat zwar behauptet, dass die Haggada ein älterer Text sei, der bereits zur Zeit der Makkabäer vorlag, doch alle seine Beweise sind von anderen Wissenschaftlern verworfen worden. Wir haben anscheinend keinen Beleg dafür, dass vor der Zerstörung des Tempels das Gebot des *sippur jetziat mitzrajim*, das Erzählen der Geschichte des Auszugs aus Ägypten, zum Pessachritual gehörte, und ganz sicher keinen Beleg für einen Text zur

Pessachnacht. Im Gegenteil, die meisten Belege deuten darauf hin, dass der Festtag, wie gesagt, nur mit dem Opfer und mit Lobgesängen gefeiert wurde. Bemerkenswert ist auch, dass in der Literatur der Apokryphen und Pseudepigraphen aus dem Land Israel und der westlichen Diaspora weder die Haggada noch das Gebot, in der Pessachnacht den Auszug zu erzählen, erwähnt werden.

Da wir keinen Beweis dafür haben, dass die Art, Pessach zu feiern, sich in der westlichen Diaspora änderte, liegt die Vermutung nahe, dass es nach der Tempelzerstörung auf dieselbe Weise wie zuvor gefeiert wurde – so, wie es die griechischen Bibelübersetzungen vorschrieben. Die Feier beinhaltete offensichtlich ein Mahl, bei dem *matza* verzehrt und, wie Philo bezeugt, Loblieder gesungen wurden. Wenn tatsächlich die Geschichte des Auszugs erzählt wurde, so geschah dies in griechischer Sprache und nach der biblischen Erzählung des Buchs Exodus. Philo verwendet in seiner Beschreibung der Pessachfeier das Wort *symposion*, das in der apokryphen Literatur ein Mahl mit Wein meint. Wir können in der Tat vermuten, dass die Haggada anfangs nur als mündliche Überlieferung bewahrt wurde, ähnlich wie die Mischna. Diese Annahme ist jedoch in sich widersprüchlich: Einerseits würde sie darauf hindeuten, dass der Text der Haggada, insbesondere im Vergleich zur Mischna, weniger durchgebildet und festgelegt war als ein abgeschlossener Text. Das zehnte Kapitel des *Pessachim*-Traktats bringt allgemeine Vorschriften, wie die Feier in der Pessachnacht durchzuführen sei, aber keinen abgeschlossenen Text, der spezifische Segnungen oder Gebete enthält. So besteht die Haggada, wie wir sie kennen, im Kern aus Midraschim zu Bibelversen mit einem Bezug auf das Fest der Erstlinge der Früchte (Dtn 26,5–8). Die

Mischna gibt lediglich an, man solle beginnen, »Ein umherirrender Aramäer war mein Vater« zu lesen und auszulegen, und ließ anfangs vermutlich eine freiere Erörterung zu. Wenn es sich so verhielt, dann hätte sogar ein griechischsprachiger Jude diese Zeremonie ausführen können. Interessanterweise setzen sich die Midraschim im abschließenden Text der Haggada grossenteils aus Versen des Buchs Exodus zusammen, die die Geschichte des Auszugs aus Ägypten nacherzählen. Andererseits konnte die mündliche Überlieferung des Stoffes einer Gemeinschaft, die nicht Hebräisch sprach, größere Schwierigkeiten bereiten. Mündliche Übermittlung erzwingt völlige Abhängigkeit von Menschen, die die Sprache kennen und fähig sind, den Stoff zu memorieren und an andere weiterzugeben. Paradoxerweise kann ein geschriebener Text einer Gemeinschaft, die die betreffende Sprache nicht spricht, einen besseren Zugang bieten, weil der Text gelesen werden kann, selbst wenn man ihn gar nicht oder nur teilweise versteht. Wie wir wissen, wurden hebräische Gebete von späteren Generationen in verschiedenen Diasporagemeinden dadurch bewahrt, dass man die Gebete aus dem Gebetbuch vortrug, auch wenn man nicht unbedingt alles verstand.

Die Einzigartigkeit des Textes der Haggada geht über die rituelle Kompensation hinaus – dass er nämlich Gebete an die Stelle des Opfers setzte, das nicht mehr dargebracht werden konnte. Er entschädigte auch für das verlorene Zentrum. Vor seiner Zerstörung fungierte der Tempel als Zentrum für die gesamte Nation. Selbst die, die den Tempel physisch nicht zu erreichen vermochten, richteten ihren Blick auf Jerusalem. Dort fanden die Ereignisse von nationaler Bedeutung statt. Dies war der Ort, der die Gemeinschaft definierte und lenkte. Die von den Weisen geschaffene Liturgie sollte nicht nur neue Rituale einführen, sondern auch eine neue Art der Definition von Gemeinschaft schaffen. Eine Person an einem beliebigen Ort, die sich an diesem Tag hinsetzte und besagten Text las, erklärte sich dadurch zum Mitglied der Gemeinschaft. Diese neue Methode, eine Gemeinschaft und die Verbindung mit ihr zu definieren, eignete sich besonders für verstreute Gemeinden. Obwohl es schon zur Zeit des Tempels eine Diaspora gab, lag doch die große Veränderung nach seiner Zerstörung im Verlust des Zentrums. Der Text war der Ersatz für das Zentrum, das die Gemeinschaft definiert hatte. Es versteht sich daher von selbst, dass jemand, der den Text nicht lesen konnte, auch nicht Teil einer Lesergemeinschaft sein konnte, für die der Text das Mittel war, sich mit der Gemeinschaft zu verbinden.

So behaupten wir nicht nur, dass der westlichen Diaspora die Mittel fehlten, um nach der Zerstörung des Tempels mit dem Zentrum verbunden zu bleiben, sondern auch, dass das neugeschaffene Zentrum ein völlig neues Medium der Verbundenheit hervorbrachte, nämlich einen gemeinsamen Text. Wenn jedoch der Text neben anderen Funktionen die eines neuen Mediums der Definition von Gemeinschaft erfüllen musste, so war es Pflicht für jedermann, ihn in einer gemeinsamen Sprache vorzutragen. Ironischerweise war die griechischsprachige Diaspora, die so sehr der Verbindung mit dem Zentrum bedurfte, infolge dieses neuen Mediums praktisch abgeschnitten von der Gemeinschaft, da sie kein Hebräisch konnte und es zu jener Zeit keine Übersetzungen ins Lateinische oder Griechische gab. Dieselbe Problematik betrifft auch die Entwicklung des jüdischen Gebets, wie wir weiter unten noch erörtern werden.

Fassen wir zusammen: Vor der Zerstörung des Tempels wurde die Verbindung mit der Gemeinschaft über eine emotionale Identifikation mit dem Tempel erreicht, die sich in beständiger Anteilnahme an den dortigen Ereignissen und in der Erwartung von Pilgerreisen zum Tempel ausdrückte. Nach der Zerstörung wurde die Haggada eines der wichtigsten Mittel der Identifikation mit der Gemeinschaft. Da sie nicht übersetzt war, verloren die griechischsprachigen Gemeinden an Boden, und ihre Bindung an die Gemeinschaft wurde immer schwächer. Sie hatten die alte Art und Weise der Verbindung mit dem Zentrum eingebüßt und waren nicht in der Lage, sich die neue anzueignen.

B. Das Gebet

Die Einführung eines feststehenden Gebetsgottesdienstes war ziemlich revolutionär. Einer solchen Praxis begegnen wir weder in den biblischen Quellen noch in anderen alten Kulturen. Das Prinzip des Gebets findet sich natürlich überall in der Bibel, jedoch nicht als ein verbindliches Gebot, das vorgeschriebene Texte zu festgesetzten Zeiten einschließt. Aus der Zeit des Tempels sind uns Gebete bekannt, die die Opferhandlungen begleiteten und aus Bibelversen bestanden, vor allem aus dem Buch der Psalmen. Die Auffassung vom Gebet als einer Form der Gottesverehrung war eine Innovation der rabbinischen Führung in den Generationen nach der Zerstörung des Tempels. Die Bedeutung dieser Neuerung lag nicht nur darin, dass dem Gebet unabhängig vom Tempelritual ein eigener Wert zuerkannt wurde, sondern es nahm nun eine verbindliche Form und Struktur an. Der obligatorische Gebetsgottesdienst mit festen Zeiten und einer vorher festgelegten, geschlossenen Liturgie trat an die Stelle des spontanen Gebets, das den Emotionen des Individuums und dessen innerem spirituellen Bedürfnis nach Kommunikation mit Gott entsprang. Das verbindliche, feste Gebet ist weder in den Quellen aus der Zeit des Tempels noch in den Apokryphen und Pseudepigraphen, den Schriften von Philo und Flavius Josephus oder im Neuen Testament erwähnt. Die Forschung legt außerdem nahe, dass die alten Synagogen aus der Zeit des Tempels keine Stätten des Gebetsgottesdienstes waren, sondern in erster Linie Orte der Zusammenkunft, an denen man sich traf, um die Heiligen Schriften zu lesen, zu hören und zu studieren. Ezra Fleischer hat gezeigt, dass es im Neuen Testament zahlreiche Belegstellen gibt, in denen Jesus in einer Synagoge erscheint, wo er lehrt, Fragen beantwortet und aus der Tora vorliest, aber niemals betet. Ebenso verhält es sich mit den Besuchen des Paulus und der Apostel in den Synagogen der Diaspora. Immer wieder stoßen wir darauf, dass die Synagoge ein Ort des Studiums der Tora und der Predigt, aber nicht des Gebets war. Das Gebet erscheint im Neuen Testament eher in individualisierter und intimer Gestalt als im institutionalisierten Kontext. Die neue Form des feststehenden Gebets signalisierte daher einen fundamentalen Wandel im religiösen Leben. Die Gestaltung und Organisation des Gebetsgottesdienstes war Teil eines größeren Versuchs der Rabbinen, durch die Schaffung eines regelmäßigen und gegliederten Gottesdienstes den Tempelgottesdienst zu ersetzen. Ordnung war zugleich ein notwendiges Mittel, um dem Volk Struktur zu geben: Feste Rituale halfen dabei, es in eine organisierte Gemeinschaft zu verwandeln. Ebenso wie der Gottesdienst im Tempel nicht spontan improvisiert war, so war auch die neue Form des Gottesdienstes von gegliedertem Zuschnitt. Von der ersten tannaitischen Generation von Javne (1. bis 2. Jahrhundert u. Z.) wissen wir genau, wie hart die Weisen an der Schaffung und Etablierung eines strukturierten Gebets arbeiteten.

Es gibt viele rabbinische Quellen, aus denen hervorgeht, dass, die Ursprünge des eingeführten Gebetsgottesdienstes aus der Zeit vor dem Tempel datieren. Diese Quellen belegen, dass die Weisen den Gebeten ein hohes Alter zuschreiben wollten, aber sie beweisen nicht, dass es die Gebete tatsächlich vor ihrer Zeit gegeben hat. Wie die Geschichte der Halacha zur Zeit des Tempels im Dunkeln liegt, so auch die Geschichte des Gebets. Klar ist nur, dass die Weisen aus der Generation von Javne ihre Anstrengungen darauf konzentrierten, ein strukturiertes Gebets als Teil einer Neuformulierung des jüdischen Selbstverständnisses zu schaffen und eine neue Form des Gottesdienstes als Kompensation für den Verlust des Tempels herzustellen. Die machtvollen Innovationen der Generation von Javne im Gebet wie auf anderen Gebieten retteten das Judentum dadurch, dass sie seine Welt neu gestalteten. Möglicherweise erschufen sie diese Welt nicht *ex nihilo*; bis zu welchem Grad aber die von den Rabbinen eingeführten Gebete auf Vorläufern aus der Zeit vor der Zerstörung des Tempels beruhen, wird in der wissenschaftlichen Literatur kontrovers diskutiert. Uns scheint jedoch, dass dieser Streit schon während der Beratungen in den Lehrstuben von Javne ausgetragen wurde. Die Fülle an Belegen dafür, dass die Gebetsfrage die Aufmerksamkeit der Weisen in solch hohem Maß in Anspruch nahm, zeigt, dass sie im Gebet eine bedeutende Erneuerung der althergebrachten Praxis sahen. Dies erweist sich zum Beispiel in der folgenden Talmudstelle über das Amida-Gebet, das den Kern des Gebetsgottesdienstes bildet:

»Rabban Gamli'el (II.) sagt: An jedem Tag bete jedermann das Achtzehngebet. Rabbi Jehoschua' sagt: (Ein Gebet) nach Art des Achtzehngebets. Rabbi 'Akiba sagt: Wenn er das Gebet fließend sprechen kann, bete er das Achtzehngebet, aber wenn nicht, [bete er] nach Art des Achtzehngebets. Rabbi Eli'ezer sagt: Wer sein Gebet verrichtet als eine Verpflichtung, dessen Gebet findet keine Gnade.« (Mischna *Berachot* 4,3–4)

Aus dieser Quelle geht hervor, dass Rabban Gamliel sich sehr für die Annahme des neugestalteten Gebets als feststehendes Gebet verwendet. Seine Amtsbrüder Rabbi Jehoschua und Rabbi Akiba nehmen einen weniger rigorosen und etwas unentschiedenen Standpunkt ein. Demgegenüber zweifelt Rabbi Eliezer, der konservative Tanna, gerade die Idee des feststehenden Gebets an. Er möchte das Gebet der »flehentlichen Bitte« erhalten, ein intimes persönliches Gebet aus der Zeit des Tempels. Daher wendet er sich grundsätzlich gegen jedes Gebet, dessen Text vorher festgelegt wurde. Rabbi Jehoschua und Rabbi Akiba nehmen eine eher ausgleichende Haltung ein. Doch Rabban Gamliel, der Nasi, will eine feste Struktur einführen. Rabbi Akiba wirft das Problem auf, ob jemand »das Gebet fließend sprechen kann«; Rabban Gamliel verwendet sich dann für die Durchsetzung eines Gebets mit feststehendem Text. Die folgende Baraita spricht für die These, dass dieses Gebet in der Zeit von Rabban Gamliel geschaffen wurde:

»Šim'on der Flachsmann ordnete vor R. Gamliél in Jabne die achtzehn Segenssprüche in ihrer Reihenfolge.« (Babylonischer Talmud *Berachot* 28b)

Selbst wenn wir die Annahme vieler Wissenschaftler akzeptieren, dass der Ursprung des Amida-Gebets im Ausgang der Tempelzeit zu suchen ist, bestätigt die

Baraita doch zweifellos die Bedeutung, die die Weisen von Javne seiner Einführung als ein obligatorisches Gebet zu einer festgesetzten Zeit beimaßen.

Auch die folgenden Beispiele belegen, dass Gebete, die zuvor nicht existierten, in der Generation von Javne eingeführt wurden:

Mischna *Berachot* 1,4–5: »Am Morgen spricht man zwei Segenssprüche vor ihm, (dem Schema'), und einen nach ihm und am Abend zwei vor ihm und zwei nach ihm, einen langen und einen kurzen. (An einem) Ort, wo sie sagen, (die Segenssprüche) lang zu halten, ist es nicht erlaubt, (sie) kurz zu halten, (wo sie sagen, die Segenssprüche) kurz zu halten, ist es nicht erlaubt, sie lang zu halten, (wo sie sagen, die Segenssprüche mit einer Schlussformel) zu beenden, ist es nicht erlaubt, (sie) nicht (mit einer Schlussformel) zu beenden, und (wo sie sagen, sie) nicht (mit einer Schlussformel) zu beenden, ist es nicht erlaubt, (sie mit einer Schlussformel) zu beenden. Man erwähnt den ›Auszug aus Ägypten‹ (3. Teil des Schema' Num 15,37–41) zur Nacht. Es sagt Rabbi El'azar ben 'Azarja: Siehe, ich bin schon siebzig Jahre alt und konnte nicht beweisen, dass der ›Auszug aus Ägypten‹ zur Nacht gesprochen werden soll, bis dass (Schim'on) Ben Zoma es ableitete (aus der Schrift), denn es wird gesagt: ›Damit du gedenkst an den Tag deines Auszugs aus dem Land Ägypten alle Tage deines Lebens‹ (Dtn 16,3). ›Tage deines Lebens‹, (das meint) die Tage. ›Alle Tage deines Lebens‹, (das meint) die Nächte. Aber die Gelehrten sagen: ›Tage deines Lebens‹, (das meint) diese Welt. ›Alle (Tage deines Lebens)‹, (schließt) die kommenden Tage des Messias (ein).«

Das bedeutet, dass das Abendgebet in der Generation von Javne noch nicht festgelegt war.

Traktat *Berachot* 27b des Babylonischen Talmud: Aus diesem Traktat erfahren wir, dass es eine Kontroverse gab, ob das Abendgebet bindend oder lediglich erlaubt sei. Die Teilnehmer an dieser Kontroverse waren Gelehrte der Generation von Javne, aber ihre Debatte beruhte auf der Entsprechung von Gebet und Tempelgottesdienst. Einer von ihnen sprach dem Abendgebet den obligatorischen Rang ab mit der Begründung, dass es dazu im Tempelgottesdienst keine Parallele gab.

Mischna *Rosch ha-Schana* 4,5: »(Die) Ordnung der Segenssprüche (ist): Man sagt ›Väter‹ (1. Bitte des Achtzehngebets) und ›Kräfte‹ (2.) und ›Heiligung des Namens‹ (3.) und vereinigt mit ihnen die ›Königsverse‹ (Schriftworte über das Königtum Gottes) und bläst nicht, (man sagt) die ›Heiligung des Tages‹ und bläst, die ›Gedenkstücke‹ (Taan II 3) und bläst, die ›Posaunenstücke‹ (ib.) und bläst, und (dann) sagt man ›Dienst‹ (17.) und ›Danksagung‹ (18.) und ›Segensspruch der Priester‹ (aus dem täglichen Gebet), (sind die) Worte des Rabbi Johanan ben Nuri. Es sagt zu ihm Rabbi 'Akiba: Wenn man nicht zu den ›Königsversen‹ bläst, wozu zitiert man (sie)? Vielmehr (so ist es): Man sagt ›Väter‹ und ›Kräfte‹ und ›Heiligung des Namens‹ und vereinigt die ›Königsverse‹ mit der ›Heiligung des Tages‹ und bläst, die ›Gedenkstücke‹ und bläst, die ›Posaunenstücke‹ und bläst, und (dann) sagt man ›Dienst‹ und ›Danksagung‹ und ›Segensspruch der Priester‹«.

Aus diesem Text geht hervor, dass die Rabbinen noch dabei waren, das feststehende Gebet für *Rosch ha-Schana* zu formulieren.

Zum Gebet sei noch auf zwei wichtige Dinge hingewiesen:

1. Der vollendete Text der von den Rabbinen eingeführten Gebete dokumentiert den Triumph der hebräischen Sprache. Es gibt einen erkennbaren griechischen Einfluss in der rabbinischen Literatur, der zeigt, dass die Weisen das Griechische kannten und einige von ihnen es gut beherrschten. Dies hat aber keinen Ausdruck im jüdischen Gebet gefunden, wo wir so gut wie keine griechischen Wendungen oder Wörter antreffen.

2. Die Gebete waren im Wesentlichen Teil der mündlichen Lehre, denn sie wurden mündlich überliefert und so lange nicht niedergeschrieben, bis die mündliche Lehre selbst schriftlich fixiert war. Den ersten Beleg eines schriftlichen Gebetbuchs finden wir im Traktat *Sofrim*,

der im siebten oder achten Jahrhundert aufgeschrieben wurde. Wir haben auch eindeutige Beweise dafür, dass sich die Weisen der schriftlichen Veröffentlichung der Gebete widersetzten, wie es in folgender Tosefta zum Ausdruck kommt:

»Wenn sie farbig, mit roter Tinte, Gummi-Tinte oder Calcanthum beschrieben sind, hebt man sie auf und lagert sie ein. Was die Schriftrollen, die Segnungen enthalten, angeht, selbst wenn auf ihnen der Name Gottes und viele Torazitate stehen, so hebt man sie nicht auf, sondern es ist erlaubt, sie dort, wo sie sind, zu verbrennen. Aus diesem Grund hat man argumentiert, dass jene, die Segnungen niederschreiben, anzusehen sind, als ob sie die Tora verbrennen würden. Jemand Bestimmtes schrieb Segnungen auf und man erzählte Rabbi Jischmael von ihm. Rabbi Jischmael ging, um ihn zu überprüfen. Als er die Leiter erklomm, spürte er (der Schreiber), dass er kam. Er nahm das Bündel mit den Segnungen und stellte es in ein Gefäß mit Wasser. Und mit folgendem Wortlaut wandte sich Rabbi Jischmael an ihn: ›Die Strafe für die letztere Tat ist härter als für die davor.‹« (Tosefta *Schabbat* 13,4)

Wir sehen, dass die Rabbinen drastische Schritte unternahmen, um einen neuen Gebetsgottesdienst zu schaffen. Diese Gebetsform nahm in der Zeit der Tannaim Gestalt an; sie wurde für die Juden im Land Israel und in der östlichen Diaspora zu einem festen Ritual und hatte als solches einen gemeinschaftsstiftenden Charakter. Die Rabbinen bestanden bei den Gebeten auf dem Gebrauch eines makellosen Hebräisch und sorgten dafür, dass sie nicht schriftlich fixiert und zudem keinesfalls übersetzt wurden. (Letzteres ist dem Zögern der römischen Kirche vergleichbar, die Liturgie in lateinischer Sprache durch die verschiedenen Landessprachen zu ersetzen.) All dies lässt nur den einen Schluss zu: Diese Gebete konnten nicht in die Synagogen der griechischsprachigen Diaspora eindringen. Das bedeutet, dass die lebhafte Entwicklung der Liturgie in den ersten Generationen nach der Zerstörung des Tempels, die zu einer wichtigen Komponente in der Neubestimmung des jüdischen Selbstverständnisses in religiöser wie sozialer Hinsicht wurde, den Juden der westlichen Diaspora weitgehend verschlossen blieb. Die westliche Diaspora blieb offensichtlich beim nichtinstitutionalisierten Gebet und entwickelte keine klaren liturgischen Strukturen. Die Kluft zwischen den beiden Diasporas, die durch die Sprachbarriere entstanden war, rückte die westliche Diaspora außer Reichweite der neuen, von den Rabbinen ausgearbeiteten Gebetsstruktur. Man kann davon ausgehen, dass in der griechischsprachigen Diaspora keine vergleichbare liturgische Entwicklung stattfand, weil es dort keine anerkannte Autorität gab, die eine solche Struktur hätte schaffen können. Quellen aus der westlichen Diaspora unterstützen unsere These:

1. Es gibt keinen Beleg für ein Amida-Gebet in der Literatur der Apokryphen und Pseudepigraphen.

2. Ein Beispiel für die Kenntnis des am Schabbat vorgetragenen Amida-Gebets in christlichen Kreisen findet sich in den christlichen Apostolischen Konstitutionen aus dem vierten Jahrhundert (Buch 7, Kapitel 33–38). Dieses Werk ist auf Griechisch geschrieben, und aus jüngsten Untersuchungen geht hervor, dass die Quelle für diese Kapitel der Apostolischen Konstitutionen der syrischen Kirche entstammt, ursprünglich auf Syrisch abgefasst war und später ins Griechische übertragen wurde. Die Nähe Syriens zu den rabbinischen Zentren und der Umstand, dass diese Kapitel ursprünglich in Syrisch abgefasst waren, mag der Grund für die christliche Kenntnis dieses jüdischen Gebets gewesen sein. Wir können also davon ausgehen, dass das Gebet, so wie es der Autor kennenlernte, aus östlichen jüdischen Gemeinden zu ihm

gedrungen war. Dass der Autor der Apostolischen Konstitutionen nur die Amida am Schabbat erwähnt, hat damit zu tun, dass er für eine christliche Bevölkerung schreibt, die sich nur am Schabbat zum Gebet trifft.

So viel zu den Auswirkungen der wachsenden Kluft zwischen Gebet und Synagoge in der östlichen und westlichen Diaspora und ihrer Folge – der Spaltung der jüdischen Welt und zunehmenden Ausprägung von zweierlei Judentum.

Östliches und westliches Judentum in der Spätantike

1. David Goodblatts neueste Untersuchung zum jüdischen Nationalismus ist aus unserer Sicht von großem Interesse. Goodblatt sagt zu Recht, dass sich der jüdische Nationalismus in der Periode des zweiten Tempels und der Zeit danach auf die eigene Sprache, auf das Hebräische stützte. Damit bestärkt er uns in unserer These, denn der Prozess der Auseinanderentwicklung von Ost und West fiel mit dem Niedergang des Nationalismus bei den Juden des Westens zusammen, die kein Hebräisch sprachen. Diese Spaltung – zu der eine weitere hinzukam, hervorgerufen durch die Entfremdung der westlichen Juden von der rabbinischen Revolution – rief ein Bewusstsein der Verschiedenheit hervor und führte zur Loslösung von den Juden im Osten. Diejenigen, die die These vertreten, die Zerstörung des Tempels habe nicht das Ende des jüdischen Nationalismus herbeigeführt, haben recht. Da aber Goodblatt zufolge der Nationalismus auf der hebräischen Sprache beruhte, waren seine Ausmaße im Westen kaum spürbar. Wenn wir uns zudem vergegenwärtigen, dass die Juden im Osten ein enormes literarisches Erbe in ihrer Vernakularsprache hervorbrachten, die westlichen hingegen nichts (nicht einmal auf Griechisch und Latein), so drängt sich die Frage auf: Ist es möglich, die eigene Kultur ohne die Vernakularsprache zu bewahren?

2. In seinen *Jüdischen Altertümern* bezieht sich Josephus vielfach auf das jüdische Recht. Abraham Schalit

behauptet in seiner ausgezeichneten Einführung zu seiner hebräischen Übersetzung der *Jüdischen Altertümer*, dass Josephus auf zwei Hauptquellen zurückgegriffen habe: erstens seine eigenen Erinnerungen an die Lehren der Weisen in Jerusalem und zweitens literarische Texte wie das als »externe Literatur« klassifizierte *Buch der Jubiläen*, die auf der Septuaginta basierenden Zusätze zur *Megillat Ester*, die Werke von Alexander Polyhistor, Philo und anderen. Bei genauerer Lektüre seiner Schriften lässt sich jedoch sagen, dass Josephus unbeeinflusst war von der rabbinischen Halacha, die nach der Zerstörung des Tempels entstanden war. Es ist bemerkenswert, dass die meisten der von ihm zitierten Gesetze ihren Ursprung in der Bibel und nicht in den Lehren der Rabbinen haben. Offensichtlich haben diese Lehren in den entscheidenden Jahren von Josephus' literarischem Wirken (70–100 u. Z.) Rom nicht erreicht, wo er sich nach der Tempelzerstörung niedergelassen hatte. Wenn man bedenkt, wie häufig er jüdische Quellen anführt, so erwartet man, dass er rabbinisches Recht zitiert, vorausgesetzt, er kannte es. Höchstwahrscheinlich hatte Josephus, als er noch im Land Israel lebte, einige der Wurzeln und ersten Anfänge rabbinischer Gelehrsamkeit aus der Zeit vor der Tempelzerstörung kennengelernt. Er überging dieses Gedankengut jedoch, weil seine Zielgruppe die heidnische und die griechischrömische jüdische Gemeinde waren. Ihm war klar, dass seine Leserschaft – die heidnische wie die jüdische – den rabbinischen Überlegungen völlig fern stand.

Des Weiteren geben die Schriften des Philo zu erkennen, dass er sich stark auf die Septuaginta und nicht auf die hebräische Bibel bezog. Es gibt auch keinen Hinweis darauf, dass er auf das rabbinische Recht zurückgriff.

Dass er alles auf Griechisch niederschrieb, zeigt, wie fern er der rabbinischen Welt stand, die ihre Texte mündlich und auf Hebräisch und Aramäisch bewahrte. Mehr noch: Dass Philo mit der palästinischen Aggada vertraut war, die Halacha aber nicht kannte, bestärkt uns in unserer These, dass die frühe palästinische Halacha keinen Eingang in das ägyptische hellenistische Judentum fand. Natürlich machten umgekehrt die Rabbinen von Philos Werken keinen Gebrauch – sie sahen ihn nicht als Teil ihrer Bewegung an. Andererseits wollen wir festhalten, dass aggadische Spuren bei Philo rabbinische Einflüsse auf die an das Land Israel angrenzende griechische Diaspora nahelegen. Alles in allem war Philo ein Opfer der Sprachbarriere.

3. Ein von Justinian am 8. Februar 553 u. Z. erlassenes Gesetz unterstützt unsere These, dass die jüdische Welt in griechisch- und hebräischsprachige Gemeinden aufgeteilt war. Was man aus diesem Gesetz über die damalige Realität erfährt, hat weitreichende Implikationen für unser Verständnis der Spaltung in der jüdischen Welt. Wie aus dem Gesetzestext hervorgeht, intervenierte Justinian auf Geheiß der Gemeinde in einer internen jüdischen Angelegenheit. Der Kaiser stellt ausdrücklich fest, dass die Juden ihm Petitionen vorlegten, mit denen sie ihn um sein Eingreifen ersuchten:

> »Wir mochten sie jedoch nicht in einem ungelösten Konflikt belassen. Wir erfuhren aus ihren Petitionen [...]« (Justinian, Gesetz Nr. 66)

Wir heben dies hervor, um die Interpretation zu entkräften, es handele sich um einen jüdisch-christlichen Konflikt. Man muss vielmehr annehmen, dass es sich um die ungelöste Kontroverse zwischen den Juden des Landes Israel und der griechischsprachigen Diaspora handelt. Darauf deutet, dass die Gesetzgebung das Lesen in griechischer und anderen Sprachen gestattet, der Septuaginta vor der Übersetzung Aquilas den Vorzug gibt und die mündliche Lehre verwirft. Das Dokument gibt die Spannung zwischen den beiden Diasporas und den Konflikt der Sprachen und der zulässigen Übersetzungen wieder. Weiter unten werden wir unsere Auslegung von Justinians Novelle vor dem Hintergrund unserer Theorie vorstellen.

4. Der Jude, wie er in der heidnischen griechischen und lateinischen Literatur dargestellt wird, scheint nach den Gesetzen der Tora, nicht aber nach der mündlichen Lehre zu leben. In den Schriften von Tacitus und anderen Autoren bis ins sechste Jahrhundert hinein werden Juden nach dem Muster geschildert, das wir aus der Bibel kennen. Zu den jüdischen Charakteristika in diesen Texten gehören die Einhaltung des Schabbat, das Feiern von Pessach, das Verbot von Standbildern, die Beschneidung sowie die Absonderung in Fragen der Ehe und des Essens. Das sind klassische biblische Motive. Sie stellen auch einen oberflächlichen Zusammenhang mit biblischen Figuren wie Abraham und Moses her. Die Gesetze werden als »mosaisches Recht« bezeichnet. Gleichzeitig finden wir bei Tacitus oder in anderen heidnischen Texten keinerlei Hinweise auf die Innovationen der rabbinischen Akademien, etwa zu neuen Praktiken wie dem Gebet oder den neuartigen Feiertagsregelungen. Die heidnischen Schriftsteller konnten sich auf nichts anderes stützen als die Bibel und ihre flüchtige Kenntnis der ortsansässigen Juden, da die mündliche Lehre nicht schriftlich fixiert und nicht ins Lateinische oder Griechische übersetzt war. So lässt ihr Gebrauch der Bezeichnung »mosaisches Recht« darauf schließen, dass sie keinerlei Kenntnis von

jüdischer Literatur außerhalb der Bibel besaßen. Der Umstand, dass die Rabbinen Moses als Propheten hervorhoben – den ersten und berühmtesten Propheten der Geschichte –, steht in krassem Gegensatz zur zentralen Rolle Moses' als Gesetzgeber in der heidnischen Literatur.

Die auf der Bibel fußende Vorstellung von Juden und Judentum wird während der ersten Jahrhunderte u. Z. in den Schriften der griechischen und lateinischen Kirchenväter weiter verfestigt: im Westen bei Ambrosius (Mailand, 4. Jahrhundert) und Augustinus (Afrika, 5. Jahrhundert), im Osten bei Eusebius (Land Israel, 3. bis 4. Jahrhundert) und Johannes Chrysostomos (Syrien, 4. Jahrhundert). Ihre antijüdische Polemik gründete sich auf den gemeinsamen Text: das Alte Testament. In der Regel ignorierten die Kirchenväter Gesetze und Gelehrsamkeit der Rabbinen. Das überrascht nicht, denn diejenigen griechischen und lateinischen Kirchenväter, die das Hebräische nicht beherrschten, hatten keinen Zugang zu Texten in dieser Sprache, und diejenigen, die Hebräisch und Aramäisch sprachen, dürften der rabbinischen Literatur unter anderem deswegen argwöhnisch gegenübergestanden haben, weil sie nicht schriftlich fixiert war. Dies ist möglicherweise ein weiterer Aspekt jener Dichotomie von Judentum und Christentum: Während die Juden in den ersten Jahrhunderten die Mündlichkeit beibehielten, begannen die Christen im Laufe der Zeit nahezu alles niederzuschreiben – ein Vorgehen, das zu ihrer erfolgreichen Ausbreitung beitrug. Man darf annehmen, dass die mündlichen Lehren und Gesetze der Rabbinen in den Augen vieler Christen jener Autorität ermangelten, die Gesellschaften mit einem hohen Grad an Literalisierung gern dem niedergeschriebenen Text zusprechen. Dies dürfte der Grund sein, weshalb wir weder bei Origenes noch bei Eusebius oder Hieronymus, die alle im Land Israel und nicht allzu weit von den Schulen der Rabbinen gelebt hatten, auf eine wirkliche Vertrautheit mit der Welt des rabbinischen Wissens stoßen. Auch die Rabbinen gaben, wie aus bestimmten Midraschim hervorgeht, ihr Wissen nicht gern an Fremde weiter, was den mündlichen Charakter ihrer Literatur erklären könnte – mündlich überliefertes Gedankengut konnte nicht zu ihren Rivalen, den Kirchenvätern, durchdringen. Die Mehrzahl der Kirchenväter traf jedenfalls auf westliche Juden, die in der rabbinischen Literatur überhaupt nicht bewandert waren.

5. Eine weitere Stütze unserer These ist der jüdische Aufstand (115–117 u. Z.). Überraschenderweise waren die Juden gespalten, was ihre Beteiligung am Aufstand anbelangt. Während die östliche Diaspora von Mesopotamien bis Ägypten aktiv daran teilnahm, blieb die westliche Diaspora bis auf Zypern und Libyen, die ohnehin ganz in der Nähe der östlichen lagen, passiv. Die beigefügte Karte (siehe S. 104/105) zeigt, dass es neben den typischen jüdischen Gemeinden des Westens und den östlichen hebräisch-aramäischen Gemeinden vermutlich Zwischenregionen gab mit Orten, in die rabbinisches Wissen eindrang.

Mündliche Lehre und der Widerstand der Rabbinen

Der Leser wird sich fragen, weshalb die Rabbinen sich nicht um eine Übersetzung ihres neuen Korpus ins Griechische und Lateinische bemühten, um die westlichen Gemeinden mit ihrem Wissen bekannt zu machen und so die Einheit der jüdischen Welt zu erhalten. Wir schlagen eine zweifache Antwort vor, die vom Wesen des rabbinischen Denkens ausgeht. Zunächst einmal machte der mündliche Überlieferungsmodus des rabbinischen Wissenskorpus eine Übersetzung nahezu unmöglich. Was jedoch noch wichtiger war: Es widerstrebte ihnen, ihre Wissenswelt und ihren Glauben auf Griechisch und Latein darzulegen, weil sie fürchteten, sie könnten dadurch der nichtjüdischen Welt zugänglich werden.

Diese These wird durch den Midrasch *Tanchuma* erhärtet. Hier wird Rabbi Jehuda bar Schalom zitiert, ein Gelehrter im Land Israel, der etwa in der Mitte des vierten Jahrhunderts u. Z. lebte und die Niederschrift der mündlichen Lehre verbot, damit sie nicht übersetzt werden könne.

»R. Yehudah bar Shalom sagte: Als Gott zu Moses sagte (Ex. 34,27): ›Schreibe dir diese Worte auf‹, ersuchte Moses darum, dass die *Mischna* geschrieben werde. Aber Gott sah voraus, dass die Nationen der Welt künftig die Tora übersetzen und sie auf Griechisch lesen würden und dass jede von ihnen behaupten würde: ›Ich bin Israel‹, und dass nun die Waage ausgeglichen sein würde. Gott sprach zu den Nationen: ›Ihr behauptet, dass ihr meine Kinder seid? Davon weiß ich nichts. Aber jene, die mein Geheimnis haben, sind meine Kinder.‹ Und was ist dieses

Geheimnis? Es ist die *Mischna*, die mündlich gegeben wurde.« (Midrasch *Tanchuma* [Warschau], *Paraschat Ki Tissa* 34)

Solange es nur um das schriftlich fixierte Recht geht, ist »die Waage ausgeglichen«, herrscht sozusagen Parität zwischen dem Volk Israel und den Nationen. Die mündliche Lehre hingegen ist etwas, das nur das Volk Israel auszeichnet. Es ist ein Geheimnis zwischen Gott und dem Volk Israel. Um zu verhindern, dass die Nationen Zugang zum Geheimnis erlangen, muss verhindert werden, dass es ins Griechische übersetzt wird; dies erreicht man, indem man seine Überlieferung in der Mündlichkeit belässt. Es scheint, dass dieser Midrasch eine Entgegnung auf den Anspruch der Kirche darstellt, die sich selbst für die wahre Erbin des Volkes Israel hielt. Der Kanon, das Buch der Bücher, ist nun nicht mehr alleiniges Eigentum des Volkes Israel. Dem Midrasch zufolge ist es die Mischna, die das Volk Israel von den Nationen trennt und die Einzigartigkeit der Juden ausdrückt als derjenigen, die allein Zugang zum göttlichen Geheimnis haben. Es ist also jegliche Anstrengung geboten, die mündliche Lehre im ausschließlichen Besitz der Juden zu behalten, ihr das Schicksal der Tora zu ersparen und zu verhindern, dass die Nationen sie sich aneignen und das Judentum für sich reklamieren. Während die Christen danach trachteten, ihren Quellen ein höheres Maß an Heiligkeit zu verleihen, indem sie sie mit älteren Quellen verknüpften und mit diesen zusammen veröffentlichten, ging es den Juden darum, den Mysteriencharakter ihrer Quellen zu betonen – jener geheimen Quellen, die Gott ihnen zur Aufbewahrung anvertraut hatte. Im Jerusalemer Talmud heißt es:

»Rabbi Ze'ira im Namen von Rabbi El'azar: (es steht geschrieben:) *ich schreibe ihm eine Menge meiner Tora* (Hos 8,12).

Aber ist denn eine Menge (= die Mehrheit) der Tora geschrieben worden? Vielmehr (ist richtig): die Worte, die schriftlich vorgetragen wurden, sind mehr als die Worte, die mündlich vorgetragen wurden. Aber ist das (wirklich) so? (Nein,) vielmehr ist es so: die Worte, die mündlich vorgetragen wurden, sind beliebter als die Worte, die schriftlich vorgetragen wurden. [...] Was wäre (dann nämlich noch) ihr Unterschied zu den Völkern? Jene ziehen ihre Bücher hervor, und diese ziehen ihre Bücher hervor; jene ziehen ihre Schriftstücke (griech. ›diphthera‹) hervor, und diese ziehen ihre Schriftstücke (griech. ›diphthera‹) hervor. Rabbi Haggai im Namen von Rabbi Shemu'el-bar-Nahman: (am Sinai) wurden mündliche Worte gesagt und schriftliche Worte gesagt, aber wir wissen nicht, welche von ihnen beliebter sind. Aber (es gibt eine Andeutung dafür) aus dem, was geschrieben steht: *(und der Herr sprach zu Mose: schreibe dir diese Worte auf,) denn durch den Mund* (sic!) *dieser Worte habe ich mit dir und mit Israel einen Bund geschlossen* (Ex. 34,27). Das besagt: jene mündlichen (Worte) sind beliebter. Rabbi Yohanan und Rabbi Yudan-be-Rabbi-Shim'on. Einer sagte: (der Vers Ex. 34,27 meint:) wenn du bewahrst, was mündlich ist, und bewahrst, was schriftlich ist, schließe ich mit dir einen Bund; und wenn nicht, schließe ich mit dir keinen Bund. Und der andere sagte: wenn du bewahrst, was mündlich ist, und erfüllst, was schriftlich ist, empfängst du Lohn; und wenn nicht, empfängst du keinen Lohn.« (Jerusalemer Talmud *Pea* 2,6, 17a [Sp. 89])

Verschiedene Exegeten bemühen sich, die Wichtigkeit und Beliebtheit der mündlichen Lehre gegenüber der schriftlichen hervorzuheben, und betonen ihre Singularität für das Volk Israel. Der Streit mit den Christen zeigt sich deutlich in den verschiedenen Kanones (»Jene ziehen ihre Bücher hervor, und diese ziehen ihre Bücher hervor«). Weil die mündliche Lehre das Werk war, das allein die Juden charakterisierte, gewann sie gegenüber der schriftlichen Lehre an Bedeutung. Der oben zitierte Midrasch geht noch einen entscheidenden Schritt weiter: Er verbietet die Übersetzung der mündlichen Lehre ins Griechische, damit sie nicht den Nationen in die Hände falle. Gerade eine Übersetzung ins Griechische hätte unweigerlich die Enthüllung der mündlichen Lehre und das Ende der Einzigartigkeit des Judentums zur Folge. Der Midrasch ruft dazu auf, die mündliche Lehre als eine mündliche Überlieferung zu erhalten und damit eine Übersetzung unmöglich zu machen.

Talmudische Quellen bezeugen ein positives Verhältnis der Weisen zur Übersetzung der Tora ins Griechische. In der Mischna heißt es:

»(Heilige) Bücher unterscheiden sich von Gebetsriemen und Türkapseln (Dtn 6 8–9) nur darin, dass Bücher in jeder Sprache geschrieben werden (dürfen), Gebetsriemen und Türkapseln jedoch nur assyrisch. Rabban Schim'on ben Gamli'el sagt: Auch die Bücher durften (neben hebräisch) auch griechisch geschrieben werden.« (Mischna *Megilla* 1,8)

Der Talmud begründet auch die Erlaubnis, die Tora auf Griechisch niederzuschreiben: »wegen des Ereignisses mit dem Könige Ptolemäus« (Babylonischer Talmud *Megilla* 9a) – gemeint ist die Entstehungslegende der Septuaginta.

Mit anderen Worten: Man sah in der Übersetzung der Septuaginta ein Wunder und gleichzeitig ein gelungenes Ergebnis. Das kommt auch in der Fortsetzung der Gemara zum Ausdruck:

»Ferner sagte R. Johanan: Folgendes ist der Grund des R. Simon b. Gamliél: die Schrift sagt: *Schönheit schaffe Gott für Japheth und er wohne in den Zelten Sems*; die Sprache Japheths sei in den Zelten Sems zu finden [...] das Schönste Japheths sei in den Zelten Sems zu finden.« (Babylonischer Talmud *Megilla* 9a)

Derselbe Gedanke wird auch im Jerusalemer Talmud ausgeführt:

»Es wird gelehrt: ›Rabban Shim'on-ben-Gamli'el sagt: Auch bei den (heiligen) Büchern hat man, (wenn sie in einer anderen Sprache) geschrieben werden (sollen, eine Einschränkung festgelegt, indem man) nur das Griechische erlaubt.‹ Man stellte eine Untersuchung an und fand heraus, dass die Tora angemessen nur ins Griechische übersetzt werden kann. [...] Rabbi Yirmeya (sagte) im Namen des Rabbi Hiyya-bar-Ba: Der Proselyt 'Aqilas übersetzte die Tora vor Rabbi Eli'ezer und vor Rabbi Yehoshua' (ins Griechische), und diese priesen ihn und sagten zu ihm: *Du hast Herrlicheres geleistet als (alle anderen) Menschen* (Ps 45,3).« (Jerusalemer Talmud *Megilla* 8,1, 71c [Sp. 749])

Der grundsätzliche Einwand gegen eine Übersetzung lautete, sie würde nicht präzise genug sein, es sei demzufolge also nicht möglich, korrekt zu übersetzen; was aber das Griechische anbelangt, so gab es diese Befürchtungen nicht aufgrund der Schönheit und Herrlichkeit der Sprache: »der Schönheit von Japheth«. Hier wird die besondere Beziehung der Weisen zum Griechischen deutlich. Obwohl sie die Übersetzung Aquilas der Septuaginta vorzogen, wird auch die Septuaginta als geeignet angesehen. Das »Ereignis mit dem Könige Ptolemäus«, im Babylonischen Talmud als ein Wunder beschrieben, wurde insbesondere in den frühen jüdischen Quellen in griechischer Sprache als ein Wunder und als eine bedeutsame und positive Begebenheit aufgefasst – so etwa im Aristeasbrief und in den Schriften Philos, der berichtet, dass sogar ein Feiertag eingeführt wurde, um an dieses Ereignis zu erinnern.

Aus späteren Quellen ergibt sich jedoch ein ganz anderes Bild. Im *Massechet Sofrim*, einem nachtalmudischen Werk aus dem achten Jahrhundert, wird die Begebenheit unter Ptolemäus folgendermaßen geschildert: »Jener Tag war ebenso heikel für Israel wie der Tag, an dem das goldene Kalb gemacht wurde, denn es war nicht möglich, die Tora angemessen zu übersetzen.« (*Massechet Sofrim* 1,7) Denselben Gedanken findet man in Verzeichnissen von Fasttagen in verschiedenen nachtalmudischen Quellen. Einer der bekanntesten Texte mit einem solchen Verzeichnis ist die *Megillat Ta'anit Batra*, ein Teil des babylonischen Kodex *Halachot Gedolot*, den Rabbi Simeon Kajjara im neunten Jahrhundert zusammengestellt hat. Sie enthält ein Verzeichnis von Fasttagen (bezogen auf Ereignisse verschiedener Perioden, angefangen von biblischen Zeiten bis zur Zeit nach der Zerstörung des zweiten Tempels), das als Quelle für Verzeichnisse in späteren halachischen Werken diente. Die Niederschrift der Septuaginta wird in der *Megillat Ta'anit Batra* folgendermaßen geschildert:

»An folgenden Tagen fasten wir, wie es die Tora gebietet: [...] Am achten Tag des Tevet, dem Tag, an dem die Tora in den Zeiten des griechischen Königs Ptolemäus niedergeschrieben wurde und Dunkelheit die Erde drei Tage lang umfing.«

Die Quelle für dieses Verzeichnis von Fasttagen ist offensichtlich im Land Israel verfasst worden, denn es findet sich auch in liturgischen Gedichten aus dem Land Israel. So heißt es in einem liturgischen Gedicht für den Monat Tevet von Rabbi Pinchas ben Ja'akov ha-Kohen, einem Dichter, der im achten Jahrhundert im Land Israel lebte: »Das Fasten wegen der Niederschrift (der Tora) auf Griechisch fällt auf den Achtzehnten des Monats.« Der Autor dieses Textes gibt keinen Grund dafür an, weshalb die Übersetzung der Tora ins Griechische ein Anlass zur Trauer war; für ihn war das offenbar selbstverständlich. Shulamit Elitzur, die diese Verzeichnisse unlängst eingehend untersucht hat, meint, dass die griechische Toraübersetzung, als die Christen sie übernahmen, als unangemessen und sogar schädlich galt. Elitzur verweist auf ein altes Manuskript (Vatikan, Apostolische Bibliothek, Cod. ebr. 171), in dem sich folgende Formulierung findet: »Denn die Tora hätte nur für Israel allein übersetzt werden sollen« – eine überraschende Formulierung angesichts der Worte aus dem Midrasch *Tanchuma*, mit denen wir diese Diskussion begannen und die den Ausschluss anderer Völker nur für die mündliche Lehre geltend machen.

Die zitierten Quellen lassen den Schluss zu, dass für die Weisen die Übersetzung der Tora ins Griechische zu einer universellen Quelle wurde und so den Juden als ihr ausschließlicher Besitz verloren ging. Die ursprüngliche Freude darüber, dass die Tora übersetzt und endlich auch für Juden ohne Hebräischkenntnisse zugänglich war, wandelte sich einige Jahrhunderte später in Trauer. Man hatte begriffen, dass die Übersetzung den Verlust der jüdischen Exklusivität bedeutete, konnte doch nun jeder Christ sagen: »Ich bin Israel.« Dies würde den erbitterten Widerstand der Rabbinen gegen eine Übersetzung der mündlichen Lehre erklären. Angesichts der Umwandlung der Tora in ein Dokument universalen Charakters wurde es immer wichtiger, die mündliche Lehre als das geheime und exklusive Erbe des jüdischen Volkes zu bewahren. Den Preis dafür, dass die griechischsprachigen Juden Zugang zur Tora erhielten, hatte man bereits gezahlt, aber man wollte ihn nicht noch einmal zahlen. Der Midrasch *Tanchuma* kommt zu einer noch radikaleren Entscheidung: Die mündliche Lehre soll weiterhin mündlich überliefert werden, damit sie nicht übersetzt werden kann.

Hat die These Bestand, dass die von uns beschriebene Spaltung eine Folge der Entstehung von jüdischen Sekten war? Der Jerusalemer Rechtswissenschaftler Berachyahu Lifshitz hat nach der Lektüre unserer ersten Publikation zu diesem Thema nach einer Alternative zu unserer Erklärung gesucht. Er sah die Spaltung zwischen östlichem und westlichem Judentum nicht in der Sprachbarriere, sondern eher in einer ideologischen Hürde begründet: Seiner Meinung nach war die jüdische Gesellschaft im

Land Israel vor dem Jahr 70 u. Z. durch die Herausbildung verschiedener Sekten charakterisiert. Der Grund dafür war jedoch keine Sprachbarriere. Der zentrale Gegenstand der Auseinandersetzung zwischen diesen Sekten war die Halacha. Die Historiker haben sich über das offenkundige Verschwinden dieser Sekten gewundert, von denen man nach der Zerstörung des Tempels nichts mehr hörte. Lifshitz behauptet jedoch, diese Sekten seien nicht einfach verschwunden; sie hätten vielmehr als einzelne Splittergruppen weiterexistiert. Seiner These zufolge verlief der Riss in der jüdischen Welt nicht zwischen Ost und West, wie wir es dargestellt haben, sondern entlang ideologischer religiöser Grenzlinien, ungeachtet der geografischen Zerstreuung. Das Bild des Jerusalemer Sektenwesens, wie es uns aus der hasmonäischen Zeit geläufig ist, gilt Lifshitz zufolge dann auch für die Spätzeit des zweiten Tempels und nach dessen Zerstörung. Die Juden des Landes Israel, die in den Westen emigrierten oder dorthin vertrieben wurden, hätten den facettenreichen Charakter der jüdischen Gemeinschaft im Land Israel mitgebracht. Die westliche jüdische Diaspora habe sich von der östlichen nicht wesentlich unterschieden. In beiden Gebieten seien die Juden in Sekten aufgeteilt gewesen, hier wie dort habe es Pharisäer und Sadduzäer gegeben. Lifshitz stellt unsere These infrage und behauptet, es seien die Sadduzäer gewesen, die das rabbinische Judentum, in dem das pharisäische Judentum fortlebte, ablehnten. Mit Sprache und Geografie – Ost und West – habe dies nichts zu tun gehabt. In unseren Augen ist diese Interpretation jedoch nicht aufrechtzuerhalten: Angesichts der oben diskutierten Belege kann man nicht davon ausgehen, dass es im Westen Pharisäer gab, die sich auf die Tradition der Rabbinen stützten und deren Autorität anerkannten.

Eine Frage könnte sich aus Lifshitz' These ergeben: War die Spaltung zwischen Ost und West vielleicht nicht sprachlicher Natur, wie wir annehmen, sondern vielmehr das Ergebnis der ideologischen Differenz zwischen Pharisäern und Sadduzäern? Anders gefragt: Könnte es sein, dass sich die Abgrenzung mithilfe von Sekten, wie wir sie aus Jerusalem vor der Zerstörung des Tempels kennen, nach dessen Zerstörung als Spaltung in zweierlei Judentum fortsetzte? War die jüdische Gemeinschaft im Osten pharisäisch und im Westen sadduzäisch? Wir glauben, dass dies nicht der Fall war. Abgesehen von der Tatsache, dass wir für ein sadduzäisches Judentum im Westen keinerlei Beweise finden, möchten wir einige andere Aspekte anführen, die Lifshitz' These unserer Meinung nach infrage stellen.

1. Es ist strittig, wodurch die Sektenbildung in Jerusalem während der Zeit des zweiten Tempels ausgelöst wurde. Einige Wissenschaftler datieren die Anfänge schon auf das dritte Jahrhundert, andere erst auf die Mitte des zweiten Jahrhunderts v. u. Z. Alle sind sich jedoch einig, dass das Phänomen mit der Zerstörung des Tempels verschwand. Unsere wichtigste Quelle für Informationen über die Sekten sind die Schriften von Flavius Josephus. Josephus verfasste seine Werke in Rom und beschrieb die jüdischen Sekten aus der Zeit des zweiten Tempels (*Der jüdische Krieg* 2,8; *Jüdische Altertümer* 18,11–15), behandelt sie aber wie ein historisches Phänomen. Aus Josephus' Schriften gewinnt man den Eindruck, dass die Sekten bereits der Vergangenheit angehörten.

2. Wir müssen bedenken, dass die Sektenbewegung in der Zeit des zweiten Tempels ein zwar wichtiges, in ihrem Ausmaß aber eher marginales Phänomen war. Obwohl ein Großteil der Informationen zu den Sekten

nicht zugänglich ist, herrscht über einige Dinge Klarheit und Konsens, etwa darüber, dass sie sich hauptsächlich in Jerusalem konzentrierten und dass höchstens 10 % der gesamten jüdischen Bevölkerung im Land Israel ihnen angehörten. Ob es in der Galiläaregion Sekten gab, ist umstritten, aber für die Existenz von Sekten in der Diaspora gibt es ganz sicher keine Zeugnisse. Die restlichen 90 % der Juden im Land Israel und die Gesamtheit der Juden der Diaspora waren damals schlicht Juden – keine Pharisäer oder Sadduzäer oder Mitglieder anderer Sekten. Um einen ausgewiesenen Experten für diesen Zeitraum zu zitieren: »Die Frage erhob sich, was die anderen, die 90 % der Bevölkerung charakterisierte, die keiner der verschiedenen Sekten angehörten. Es ist anzunehmen, dass für die schweigende Mehrheit der Tempel im Mittelpunkt stand, die zentrale Institution im Leben der Nation. Diese Menschen identifizierten sich mit keiner bestimmten Gruppe und der Streit zwischen den Sekten interessierte sie nicht. Wer zur breiten Masse des Volkes gehörte, akzeptierte die von den Eltern und Großeltern übernommenen Traditionen als selbstverständlich und erfüllte die Gebote der Tora in der Annahme, das, was für sie gut war, sei auch für ihn richtig.«

3. Wir müssen fragen, wie die eine Gruppe in einer bestimmten Region ihre Stellung aufbauen konnte, während die andere Gruppe sich in einer anderen Region durchsetzte. Zweifellos hatten anfangs beide in allen Gebieten Anhänger. Es wäre Aufgabe der Historiker zu erklären, wie diese Pluralität zuende ging und durch eine Dichotomie ersetzt wurde.

4. Die sadduzäischen Gesetze, wie wir sie kennen, und der Streit zwischen den Sadduzäern und den Rabbinen drehten sich in ihrem Kern um die Verwaltung des

Tempels. Die Pharisäer waren diejenigen, die den Schwerpunkt der jüdischen religiösen Praxis vom Tempel ins alltägliche Leben verschoben, ein Ansatz, der von den Rabbinen fortgeführt wurde. Ein großer Teil der übrigen halachischen Kontroversen zwischen Pharisäern und Sadduzäern betraf die strengen sadduzäischen Vorschriften zum Tempelritual und zu Reinheit und Unreinheit. Die religiöse Erfahrung der Sadduzäer konzentrierte sich auf den Tempel, wo sie ihre theologischen Kontroversen austrugen und die Position der Priesterschaft zu stärken versuchten.

Vor diesem Hintergrund ist es sinnvoll anzunehmen, dass Juden, die in geografischer Distanz zum Tempel lebten und überdies zu einem gewissen Grad in ein nichtjüdisches Alltagsleben integriert waren, auch der sadduzäischen Position fernstanden. Warum sollten sie sich eine Lehre aneignen, die in erster Linie mit der Verwaltung des Tempels befasst war? Die Qumran-Sekte etwa war trotz ihrer räumlichen Entfernung zu Jerusalem eng mit dem Tempelritual verbunden, doch sie führte ein Leben in Isolation, anders als die westlichen Juden, die in die Umgebungskultur eingebettet waren.

Selbst wenn wir Berachyahu Lifshitz' These zum Fortbestehen der Sadduzäer in den ersten nachchristlichen Jahrhunderten zustimmen, gibt es doch keinen Zusammenhang zwischen seiner Behauptung und der von uns postulierten Dichotomie. Die Frage nach dem Ende der Sadduzäer ist eine ganz andere als jene Frage, die wir hier stellen. Interpretiert man die Kluft zwischen der östlichen und der westlichen Diaspora lediglich als eine ideologische Kontroverse innerhalb des Judentums, so reduziert man damit bloß das Ausmaß unserer zentralen Frage.

Netzwerke des Wissens

Wir möchten kurz auf die Auswirkungen eingehen, die der sich abzeichnende Riss innerhalb des Judentums auf das frühe Christentum hatte. Auch wenn das Neue Testament nur für das erste Jahrhundert u. Z. als Zeugnis herangezogen werden kann, stützt es doch in gewisser Weise unsere These. Paulus und die ersten Apostel, später dann auch die Kirchenväter profitierten unserer Meinung nach vom Vakuum in der westlichen Diaspora, die von dem großen hebräisch-aramäischen Netzwerk der östlichen jüdischen Gemeinde abgeschnitten war. Sie alle verfolgten das Ziel, ihren Glauben in der westlichen jüdischen Diaspora zu verbreiten. Tatsächlich wollte Paulus niemals in den Osten reisen, und die einzige Bevölkerungsgruppe, von der er annahm, sie werde möglicherweise seine Lehren akzeptieren, waren die Juden der griechischsprachigen Diaspora. Griechischsprachige Juden, die sich in der westlichen Diaspora niederließen, hätten Paulus als ehemaligen Schüler Gamliels I. leicht für einen Rabbi halten können, der gekommen war, um die mündliche Lehre zu verbreiten. Der große Vorteil für Paulus und ebenso für die Kirchenväter war, dass sie auf Griechisch lehrten. Dass Paulus fähig war, über die Synagoge Eingang in die öffentliche Sphäre der jüdischen Gemeinde zu finden, hing damit zusammen, dass diese Juden in spiritueller Hinsicht vom Zentrum im Land Israel und von Babylonien abgeschnitten waren.

»Von Paphos stachen Paulus und seine Gefährten in See und kamen nach Perge in Pamphylien. [...] Sie aber zogen von Perge weiter und gelangten nach Antiochia in Pisidien. Am Sabbat gingen sie in die Synagoge und setzten sich. Nach der Vorlesung aus dem Gesetz und aus den Propheten ließen die Synagogenvorsteher ihnen sagen: ›Brüder, wenn ihr ein Wort des Zuspruchs an das Volk zu richten wisst, so redet.‹ Da erhob sich Paulus, winkte mit der Hand und sprach: ›Ihr Israeliten und ihr Gottesfürchtigen [...]‹ Als sie sich zum Aufbruch anschickten, baten (die Leute), dass am nächsten Sabbat wieder von diesen Dingen zu ihnen geredet werde. Dann ging die Versammlung auseinander. Viele Juden und Proselyten folgten Paulus und Barnabas. Diese ermahnten und ermunterten sie, in der Gnade Gottes zu verharren.« (Apg 13,13–43)

Auch die späteren Kirchenväter konnten von einigen Juden durchaus für rabbinische Autoritäten gehalten werden. Wir möchten betonen, dass Juden, die in Syrien, im Libanon, ja sogar im Land Israel in griechischsprachigen Gemeinden lebten, als »westliche Juden« zu betrachten sind, wenn sie die rabbinischen Botschaften nicht entschlüsseln konnten. Das mag erklären, weshalb die Rabbinen in diesen Gegenden nicht auf Anerkennung stießen. Das Fehlen einer hierarchisch geordneten Kommunikation in der westlichen Diaspora und ihre Isolation vom Judentum im Osten ermöglichten es dem frühen Christentum, dort Fuß zu fassen und eine strukturierte Hierarchie aufzubauen. Die Menschen, die sich dieser christlichen Hierarchie anschlossen, waren Juden, die sich von ihren Brüdern im Osten entfremdet hatten. Auf diese Art gelangten »religiöse Waren« wie der Jakobusbrief aus dem Land Israel in den Westen – und dies zeigt, dass im ersten Jahrhundert u. Z. tatsächlich eine Verbindung zwischen den Juden des Landes Israel und der westlichen Diaspora bestand.

Gleichwohl spricht dies für unsere These, dass die Sprache bei der Entstehung der Spaltung zwischen der östlichen und der westlichen Diaspora eine bedeutende

Rolle spielte. Das Neue Testament und die Predigten, die Paulus, wie im Neuen Testament beschrieben, in den Synagogen der westlichen Diaspora hielt, wurden von den Juden im Westen verstanden, selbst von einfachen Juden, die Griechisch, aber nicht Hebräisch sprachen. Demnach ließen sich Paulus und die ersten Apostel als Mittler zwischen den beiden Welten betrachten. Paulus, ein Jude aus Tarsus in der westlichen Diaspora, ist dafür ein ausgezeichnetes Beispiel: Einerseits war er verwurzelt in der hebräisch-aramäischen Welt des Landes Israel, andererseits reiste er aber auch in den Westen und sprach fließend Griechisch. Er führte also in seinem Gepäck ein »religiöses Handelsgut« aus dem Land Israel mit sich, das er auf Griechisch weitergeben konnte.

Wenn diese Vermutung stimmt, dann waren Paulus und die ersten Apostel klug genug, um die wachsende Spaltung zwischen der westlichen Diaspora und den Juden des Ostens zu registrieren und gleichzeitig den Nutzen zu sehen, den ein Brückenschlag zwischen den beiden Welten bringen konnte, indem man den Dialog mit der griechischsprachigen Diaspora nicht abreißen ließ. Auf diese Weise trugen Paulus und die Apostel dazu bei, dass sich die kulturelle Kluft zwischen den rabbinischen Juden des Ostens und den an der Bibel orientierten Juden des Westens vergrößerte. In Begriffen der modernen Wissensforschung zog das Christentum daraus, dass es ein Wissensnetzwerk war, vor allem deshalb Nutzen, weil es fähig war, Wissen zu transferieren. Somit »wurde es produktiver als Organisationen, die in geringerem Maße fähig sind, Wissen zu transferieren«. Mit anderen Worten: Paulus und die Apostel schlugen Kapital aus ihren Griechischkenntnissen, indem sie ein Netzwerk schufen, um Wissen aus dem Land Israel in den Westen zu übertragen; die rabbinischen Botschaften dagegen wurden von ihnen nicht übermittelt, und die Rabbinen selbst konnten oder wollten diesen Transfer nicht leisten.

Viele Juden aus dem Westen, die keine geistige Führung hatten, nutzten die Möglichkeit, die ihnen von den griechisch sprechenden christlichen Aposteln geboten wurde, und schlossen sich ihnen an. Auf diese Juden, die sogenannten »Judaizantes«, dürften sich die Apostelgeschichte (21,20–21), der Galaterbrief (2,8–9) und andere Quellen beziehen. Paradoxerweise erreichten Elemente des rabbinischen Wissens durch die Predigten des Paulus und der anderen Apostel in griechischer Sprache diese jüdischen Hörerschaften im Westen. Das Beharren der Rabbinen auf mündlicher Wissensüberlieferung und dessen verheerende Auswirkung auf das Judentum mag eine Erklärung dafür sein, warum die Phase der Mündlichkeit im Christentum so kurz war, nämlich von der Zeit Jesu bis ungefähr 70 u. Z., als das Markusevangelium niedergeschrieben wurde.

Die christlichen Autoritäten begriffen schon früh, dass ihre Ideen so schnell wie möglich aufgeschrieben werden mussten, wenn sie in der heidnischen und jüdischen Bevölkerung Annahme finden sollten. Das erklärt, warum die Christen im Unterschied zu den Juden so viel Wert auf die Verschriftlichung legten und von Anfang an die Mission in den Vordergrund stellten, ein Konzept, das dem Judentum eher fremd war. Der Spruch, dass die Pharisäer »über Land und Meer ziehen, um einen einzigen Menschen für ihren Glauben zu gewinnen« (Mt 23,15), ist selbstverständlich eine rhetorische Übertreibung und lässt sich deuten vor dem Hintergrund christlicher Mission. Es gibt nur wenige Hinweise darauf, dass Juden missionarisch tätig waren. Natürlich gab es Übertritte zum Judentum, doch dieses Phänomen sollte von der aktiven Mission getrennt betrachtet werden. Wir haben einige wenige Hinweise auf die Vertreibung von Juden, so etwa bei Valerius Maximus, der von der Vertreibung der Juden aus Rom berichtet, weil »sie versuchten, den Römern ihre heiligen Riten zu übermitteln«; bei anderen Autoren finden sich ähnliche Schilderungen. Alle diese Berichte arbeiten mit rhetorischen Versatzstücken und stammen aus heidnischen Quellen, die den Juden feindlich gesonnen waren. Diese Quellen spiegeln eine allgemeine Angst vor der Verbreitung fremder orientalischer Religionen und ihrer positiven Aufnahme durch die Römer wider. Eine auf diesem Material basierende These einer jüdischen Mission kann nicht ernst genommen werden.

Nachwirkungen

Die oben beschriebene Spaltung zwischen der östlichen und der westlichen Gemeinde entstand im ersten Jahrhundert u. Z. und bestand bis weit ins Mittelalter hinein. Abgesehen davon, dass sie ein Licht auf die jüdische Geschichte des Mittelalters wirft, untermauert die Kontinuität jener Spaltung unsere These, dass dieser Prozess im ersten Jahrhundert begann. Wir möchten nun zeigen, dass das Phänomen der Entfremdung zwischen beiden Gemeinden einen starken Einfluss auf die mittelalterliche Geschichte der griechisch- und lateinischsprachigen Gemeinden von Byzanz und Westeuropa genommen hat.

Die Quellenlage zur Geschichte der europäischen Juden im frühen Mittelalter weist ein starkes Ungleichgewicht zwischen jüdischen und nichtjüdischen Zeugnissen auf. Historiker, die die Geschichte des europäischen Judentums zu schreiben versuchen, sind irritiert: Im Grunde gibt es keine zeitgenössischen jüdischen Quellen, die uns etwas über die Geschichte der Juden im christlichen Europa zwischen dem zweiten und dem neunten Jahrhundert mitteilen. Überraschenderweise finden wir jedoch gerade für diese Zeit in christlichen Quellen viele Informationen über die jeweilige lokale jüdische Bevölkerung. Eine Folge der Lücke in der Überlieferung jüdischer Quellen war die Entstehung von Legenden über den Ursprung der jüdischen Gemeinden des christlichen Europa, die im zehnten Jahrhundert bereits fest etabliert waren. Das wirft die Frage auf, wie die Differenz zwischen den christlichen und den jüdischen

Quellen aus diesem Zeitabschnitt zu erklären ist. Auch könnte man fragen, weshalb ausgerechnet in dieser Zeit die literarische Produktivität in den östlichen jüdischen Gemeinden ungewöhnlich stark zunimmt, die Juden des Westens in diesen Schriften jedoch nicht vorkommen. Im gesamten Talmud werden praktisch keine Gelehrten aus dem Westen erwähnt. Obwohl die Hinweise auf die Kommunikation zwischen den Geonim und den jüdischen Zentren vor dem neunten Jahrhundert sehr spärlich sind, ist davon ausgehen, dass die Juden des christlichen Europa womöglich bis zur Mitte des neunten Jahrhunderts keinen Kontakt zu diesen Zentren hatten.

Vom zweiten Jahrhundert an nimmt die Zahl der Quellen, die wir zu den Juden in Europa besitzen, immer mehr ab. Seit dieser Zeit bis etwa zum neunten Jahrhundert sind praktisch die einzigen verfügbaren Quellen die von weltlichen Herrschern erlassenen Gesetze, die Kirchensynoden und die Aussagen einzelner Christen über die Juden. Einige Forscher machen geltend, dass die Rechtsquellen stark repetitiv sind – neue Gesetze bedienen sich häufig des gleichen Wortlauts wie ältere. Dieser Befund wirft die Frage auf, inwieweit die Quellen sich auf reale jüdische Gemeinden in den Ländern der jeweiligen Gesetzgeber beziehen. Er würde auch das Fehlen paralleler jüdischer Quellen erklären. Wir werden im Folgenden aufzeigen, dass diese Schlussfolgerungen nicht zwingend sind und dass es für den Mangel an jüdischen Quellen auch eine Erklärung gibt, die mit der These unserer Studie vereinbar ist.

Wie gering die Zahl der jüdischen Quellen aus jener Zeit ist, sieht man auch daran, dass der jüdische Bücherkanon und die jüdische kulturelle Überlieferung so gut wie nichts enthalten, was im christlichen Europa während des ersten Jahrtausends geschaffen worden ist. Religiöse und profane Rechtsquellen sowie christliche theologische Schriften weisen auf die Präsenz von Juden an verschiedensten Orten hin. Diese Quellen bezeugen eindeutig, dass die Juden sich an den Brauch der Beschneidung, den Schabbat, die Feste und die Speisegesetze hielten. Doch keine dieser Informationen ist in jüdischen Quellen überliefert. Eine mögliche Erklärung hierfür wäre, dass die Kirche die vorhandenen jüdischen literarischen Werke zerstört hat. Das erscheint uns jedoch nicht plausibel. Bekanntlich waren selbst in späteren Zeiten die immensen Anstrengungen der Kirche, jüdische Handschriften durch das Feuer zu vernichten, nur bedingt erfolgreich. Warum sollten wir für den hier diskutierten Zeitraum, in dem die Kirche eine weitaus bessere Beziehung zu den Juden hatte, von einem größeren Erfolg ausgehen? Doch dazu später mehr. Die Andeutung soll hier genügen, dass die Judenfeindschaft in diesem Zeitraum gegenüber den Verfolgungen im späten Mittelalter vernachlässigenswert ist.

Es gibt also Hinweise auf eine jüdische Präsenz in Europa zwischen dem zweiten und dem neunten Jahrhundert. Vor diesem Hintergrund sehen wir unsere These gestützt, dass Juden im lateinisch und griechisch (byzantinisch) geprägten Europa in diesem Zeitraum entweder nahezu abgeschnitten waren von der rabbinischen Tradition, also von den Juden des Ostens und ihrer Literatur, oder dass sie sich ganz vom Judentum abgewandt hatten. Dies würde die Diskrepanz zwischen den jüdischen und christlichen Quellen in Europa erklären. Der Jude, der Gegenstand der jüdischen (palästinischen und babylonischen) Literatur im Osten war und für den sie geschrieben wurde, war bis zu einem gewissen Grad bereits der rabbinischen Tradition verpflichtet. Dieser Jude beherrschte Hebräisch und Aramäisch, Sprachen, in denen er studierte, betete und die Tora las. Der europäische Jude war dagegen von all dem abgeschnitten und wurde deshalb in den späteren jüdischen Quellen des Mittelalters nicht erwähnt. Die Juden des Ostens und des Westens waren unfähig, miteinander zu kommunizieren, sowohl in sprachlicher Hinsicht als auch im Hinblick auf die überlieferten Inhalte ihrer Tradition. Die christliche Literatur jener Zeit stellte dagegen die Juden des Westens als getreue Bewahrer der biblischen Tradition dar. In den Augen der Christen bewahrten sie die Treue zum Alten Testament, und genau in diesem Zusammenhang fanden sie im christlichen Schrifttum Erwähnung.

Die Untersuchung der christlichen Gesetze jener Zeit offenbart eine bekannte Tendenz: Die Kirche gab sich alle Mühe, zwischen Christen und Juden rechtliche Barrieren zu errichten. Es sind verschiedene Erklärungsmodelle für diese Maßnahme vorgeschlagen worden. Die Trennung zwischen Christen und Juden ist nicht das Thema unseres Buchs. Das Bemühen der Kirche, Grenzen zu ziehen, lässt jedoch den Schluss zu, dass solche Schranken dem alltäglichen Leben fernstanden. Die von der Kirche auferlegten Verbote deuten darauf hin, dass Juden und Christen in der Tat miteinander Handel trieben, zusammen aßen, gemeinsam feierten und sogar untereinander heirateten. Die Kirche versuchte das zu ändern und zwischen Christen und Juden eine Trennlinie zu ziehen. Soviel wir wissen, gab es zu dieser Zeit in Europa keine ernstzunehmenden politisch motivierten Judenverfolgungen in großem Stil, ausgenommen einige atypische Vorfälle, auf die wir noch zu sprechen kommen.

Doch ein genauerer Blick auf die Gesetze lässt immer wieder das Bild eines Juden entstehen, der prinzipiell nach den Richtlinien der Bibel lebt. So stehen zum Beispiel Bezugnahmen auf die Synagoge in einem Zusammenhang mit der Toralesung (Justinians Novelle aus dem Jahre 553 u. Z.), mit dem Psalmenvortrag und mit Zusammenkünften zum Gebet am Schabbat und zu Festtagen. Keine Hinweise finden sich dagegen auf zwei paradigmatische rabbinische Neuerungen: das feststehende Gebet morgens und abends an Wochentagen und das regelmäßige Studium der Tora. Von Interesse sind in diesem Kontext die jüdischen Feiertage, die in den christlichen Gesetzen genannt werden. Erwähnt werden Pessach, Schavuot (Wochenfest), Sukkot und Jom Kippur (Versöhnungstag) – alles bereits in der Bibel festgesetzte Feiertage. Auch das in der Bibel erwähnte Purimfest wird in den frühen christlichen Gesetzen genannt und erregte Anstoß bei den Christen. In einem Gesetz von Theodosius II. (zusammen mit Honorius) heißt es:

»Die Statthalter der Provinzen sollen die Juden davon abhalten, Haman in Brand zu setzen im Gedenken an seine vergangene Bestrafung, in einer gewissen Zeremonie ihres Festes, und auch davon, in frevlerischer Absicht eine Form zu verbrennen, die dem heiligen Kreuz nachempfunden wurde in Missachtung des christlichen Glaubens, damit sie das Zeichen unseres Glaubens nicht mit ihren Späßen vermischen, und sie sollen ihre Riten nicht dazu benutzen, das christliche Gesetz lächerlich zu machen, denn sie sind dazu bestimmt zu verlieren, was ihnen bislang erlaubt war, es sei denn, sie verzichten auf diese verbotenen Dinge.«

Chanukka wird unseres Wissens überhaupt nicht erwähnt, vermutlich weil die Juden im Westen es nicht feierten, da es sich um eine Neuerung der Rabbinen handelte. Auch in antijüdischen Gesetzen wie etwa im westgotischen Spanien werden lediglich Beschneidung, Schabbat, Feste und Speisegesetze als verbotene jüdische Rituale angeführt, nicht aber die typisch rabbinischen Rituale. Das passt zu dem Bild des Juden, auf das wir bereits bei den heidnischen Autoren der griechisch-römischen Welt stießen. Wir wollen dazu ein Beispiel geben.

Die christlichen Gesetze behandeln, wo sie sich an Juden wenden, vorwiegend Streitfragen zu christlichen Sklaven, die sich im Besitz von Juden befinden. Michael Toch hält die Existenz jüdischer Sklavenhändler für unwahrscheinlich – religiös observante Juden hätten aufgrund der halachischen Bestimmungen Sklaven in ihrem Besitz bekehren müssen; demzufolge könne das Gesetz, das Juden den Besitz christlicher Sklaven untersagte, nicht der Realität entsprochen haben. Doch das Verbot, unbeschnittene Sklaven zu besitzen, ist kein biblisches, sondern ein späteres halachisches. Die westlichen Juden, die ausschließlich der biblischen Tradition folgten, haben diese halachische Neuerung wahrscheinlich nicht gekannt. Tatsächlich handelt das halachische Gesetz im Talmud von Besitzern, deren Sklaven in ihren Häusern und auf ihrem Land arbeiten, und nicht von Händlern, die Sklaven auf dem Markt kaufen und verkaufen. Selbst wenn Toch recht haben sollte, wird seine These gegenstandslos, weil Ephraim Urbach bereits nachgewiesen hat, dass das Gesetz zur Beschneidung eines nichtjüdischen Sklaven – der damit zum Juden wurde – hasmonäischen Ursprungs ist und nach der Zerstörung des Tempels so gut wie nicht mehr befolgt wurde. Außerdem hat laut Babylonischem Talmud Rabbi Jischmael, nachdem Hadrian sein Beschneidungsverbot erlassen hatte, entgegen der Verfügung Rabbi Akibas das Halten eines unbeschnittenen Nichtjuden als Sklaven ausdrücklich erlaubt. In einer Baraita des betreffenden Talmudabschnitts stoßen wir auch auf das eindeutige Urteil Rabbi Jehoschuas ben

Levi, demzufolge es erlaubt ist, bis zu zwölf Monate lang einen unbeschnittenen Sklaven zu halten; wenn dieser dann die Beschneidung ablehnt, so sei er zu verkaufen. Es ist also kaum davon auszugehen, dass fromme Juden dem talmudischen Gesetz Folge leisteten, denn der Grad, in dem gerade dieses Gesetz in Kraft war, schwankte stark. Darüber hinaus wäre es Urbach zufolge absurd, vom talmudischen Recht auf eine unter den westlichen Juden verbreitete Praxis zu schließen. Das Verbot, nichtjüdische Sklaven zu verkaufen, findet sich nicht in der Bibel; es entstand erst sehr viel später. Es ist daher wahrscheinlich, dass die westlichen Juden, die sich ausschließlich an die biblische Tradition hielten, das talmudische Gesetz nicht kannten. Das christliche Gesetz dürfte also durchaus auf realen Gegebenheiten beruht haben.

Toch behauptet in seinem ausgezeichneten Artikel über die jüdische Diaspora in unserem Zeitraum, dass die Mehrzahl der Juden in dieser Zeit aus Europa verschwand. Die christliche Gesetzgebung für Juden, so meint er, basierte nicht auf der damaligen Realität, sondern war ein vom Gesetzgeber kompilierter Aufguss früherer Gesetze. Diese Einschätzung findet jedoch keine ungeteilte Zustimmung; nach Meinung einiger Forscher gab es in dieser Zeit in Europa sehr wohl signifikante jüdische Bevölkerungsinseln. Bei der Frage, ob es in jener Zeit Juden in Europa gab, geben wir zu bedenken, dass der Unterschied zwischen den Aussagen christlicher und jüdischer Quellen möglicherweise nicht auf eine Diskrepanz von Gesetz und Wirklichkeit zurückzuführen ist, sondern vielmehr den Unterschied zwischen zweierlei Arten von Judentum reflektiert. Demnach würde der christliche Gesetzgeber die Juden in seiner Region als biblische Juden ausweisen, die sich weigerten, Jesus anzuerkennen, und weiterhin eine Reihe biblischer Gebote befolgten. Im Gegensatz dazu handeln die Quellen des Ostens und die europäischen jüdischen Quellen des zehnten Jahrhunderts von Anhängern des normativen rabbinischen Judentums. Diese Quellen haben also nichts mit den europäischen Juden der hier infrage stehenden Zeit zu tun. Auch beziehen sich christliche Gesetze und Kirchensynoden häufig auf jüdische Apostaten, die zum Christentum übergetreten waren, an deren Glaubenstreue man jedoch zweifelte. Die Quellen lassen darauf schließen, dass dieses Phänomen weit verbreitet war. In historischen Quellen gibt es auch Belege für abgefallene Juden oder Kryptojuden. Diese Quellen enthalten quasi ätiologische Geschichten, die zu erklären versuchen, warum so viele Juden aus der Frühzeit des Christentums verschwanden. Alle diese Aspekte sprechen für unsere Vermutung, dass sich viele Juden in den christlichen Gebieten von ihrem Glauben abwandten und der verbleibende Rest dem biblischen Judentum treu blieb.

Für die Indifferenz der Juden des lateinischen Europa gegenüber dem rabbinischen Recht gibt es einen *terminus ad quem*. Agobard von Lyon schildert in einem Schreiben an Kaiser Ludwig den Frommen in Aachen aus den 830er Jahren, wie die Juden minutiös die rabbinischen Gesetze der Kaschrut beachteten. Sie besäßen auch den *Schiur Koma* (ein mystisches Werk über die physischen Dimensionen Gottes), mystische Hechalotliteratur sowie Überlieferungen über Gottes Wohnsitz, die aus dem Talmudtraktat *Chagiga* oder damit verbundenen Überlieferungen stammten. Es ist anzunehmen, dass diese religiösen Praktiken und Traditionen für die Juden in der Gegend um Lyon galten und wohl auch für die Juden in Lothringen, wo sich die Hauptstadt der Karolinger befand. Sie dürften jedoch nicht von allen Juden des Karolingischen Reichs gepflegt worden sein. Der Wandel in der religiösen Praxis und Einstellung war möglicherweise erst Mitte des zehnten Jahrhunderts abgeschlossen.

Der späte Eingang der rabbinischen Literatur in die europäischen jüdischen Gemeinden könnte also eine der Triebkräfte für den christlichen Antijudaismus im mittelalterlichen Europa gewesen sein. Wir wollen hier nicht auf die schwierige Frage nach den Gründen für den Wandel des europäischen Antijudaismus im zwölften und dreizehnten Jahrhundert eingehen, sondern lediglich die folgende Beobachtung anstellen. Wie Jeremy Cohen und andere bemerkt haben, erkannten die Christen im späten zwölften und frühen dreizehnten Jahrhundert, dass die Juden nicht nach dem biblischen Gesetz, sondern nach einem anderen religiösen Verhaltenskodex lebten: der mündlichen Lehre. Diese Entdeckung stellte die alte augustinische Vorstellung der Toleranz gegenüber den Juden infrage. Die Juden selbst hatten frühestens Ende des achten und Anfang des neunten Jahrhunderts die mündliche Lehre entdeckt und sich verpflichtet, danach zu leben, eine große Zahl von ihnen sogar erst im zehnten Jahrhundert. Solange die Juden in Europa nur die Bibel als Kanon anerkannten, waren sie für die Christen Menschen, die den alten Glauben bewahrten, der dem Christentum vorangegangen war. Man mag sie als halsstarrig, fehlgeleitet und vielleicht sogar gefährlich erachtet haben, weil sie die neue Offenbarung nicht annahmen, doch sie galten auch als Beweis für das Neue Testament, das aus augustinischer Sicht auf dem Alten aufbaute. Nachdem aber die rabbinische Literatur in Europa bekannt geworden war, wurden die Juden zu einer nicht zu übersehenden Herausforderung für die christliche Idee von den gemeinsamen Wurzeln. Aus christlicher Sicht war ein biblischer Jude in der Vergangenheit »stecken geblieben«, ein Anachronismus, aber immer noch ein »Mitglied der Familie«. Ein rabbinischer Jude hingegen galt als jemand, der sich für eine Interpretation des Alten Testaments entschieden hatte, die von der christlichen abweicht, und war daher fremder, andersartiger und bedrohlicher. Einen solchen Juden konnte man nicht länger als ein »Mitglied der Familie« betrachten, das dem Neuen Testament Glaubwürdigkeit verleiht. Es dürfte sich lohnen, diesen neuen Aspekt der späten »Rabbinisierung« der Juden im lateinischen Europa vor dem Hintergrund der jüngsten Untersuchungen zum Wandel des mittelalterlichen Antijudaismus zu sehen und diese weitreichenden Veränderungen auf mögliche Zusammenhänge zu überprüfen.

Die Anfänge dieses Wandels zeichnen sich schon im siebten Jahrhundert in Spanien ab. Forscher haben sich gefragt, warum die Christen in den Beschlüssen des sechsten Konzils von Toledo im Jahr 638 u. Z. eine zunehmend aggressive Haltung gegenüber den Juden einnahmen, wo zu jener Zeit diesbezüglich doch eher ein moderater Ton herrschte. Vielleicht lässt sich die Antwort im Wortlaut des Gesetzes selbst finden. Juden, die zum Christentum übertraten, mussten einen Eid leisten und darin unter anderem erklären:

> »Wir verpflichten uns, zu eurer Prüfung alle die heiligen Schriften vorzulegen, die üblicherweise von unserem Volk wegen der Glaubenslehre in den Synagogen aufbewahrt werden: sowohl jene von autoritativer Geltung als auch jene, die man *deuteras* nennt, und jene, die *apocrypha* heißen.«

Mit anderen Worten: Es gibt hier einen Hinweis, dass das Erscheinen der Mischna (*deuteras*) und vielleicht allgemein der mündlichen Lehre in Spanien, den Ton der Christen gegenüber den Juden schon Anfang des siebten Jahrhunderts zunehmend schroffer werden ließ. Der Höhepunkt dieser Entwicklung war erreicht, als die europäischen Juden die rabbinische Literatur im zehnten Jahrhundert vollständig angenommen hatten. Anscheinend kann man die Konzilien von Toledo als Vorboten von Entwicklungen bezeichnen, die sich in Europa mehrere Jahrhunderte später vollzogen. Die geänderte Einstellung gegenüber den Juden ist aber nicht allein auf die aggressive antijüdische Haltung Isidors von Sevilla (560–636 u. Z.) zurückzuführen. Es gibt offenbar einen Zusammenhang zwischen den Ereignissen in Toledo und dem ersten Auftauchen rabbinischer Literatur an diesem Ort, ein Phänomen, das jüdischen Quellen zufolge in Spanien viel früher eintrat als in Deutschland. Erste Anzeichen für die Ankunft rabbinischer Literatur in Mitteleuropa finden sich vermutlich in Agobards Schriften über die Juden. Agobard zeigt eine gewisse Vertrautheit mit der rabbinischen Literatur – wenn nicht durch eigene Lektüre, so zumindest durch Diskussionen mit der lokalen jüdischen Bevölkerung oder vom Hörensagen. Ein noch früherer Verweis auf die Mischna findet sich in Justinians Novelle von 553, die mehrere Jahrzehnte vor den Konzilien von Toledo im griechischsprachigen Byzanz verfasst worden war. Diese Belege sind jedoch nichts verglichen mit dem, was an denselben Orten Jahrhunderte später gegen die Juden unternommen wurde – zeitgleich mit der Verbreitung rabbinischer Literatur in Europa, die offenbar zusammen mit den Einwanderungswellen aus dem Osten eingetroffen war.

Bleiben wir noch ein wenig bei besagter Novelle von Justinian. Es geht um die Analyse des folgenden Zitats:

»Des Weiteren sollen diejenigen, die Griechisch lesen, die Septuaginta-Überlieferung benutzen, die genauer als alle anderen und den anderen insbesondere aufgrund dessen, was während der Anfertigung der Übersetzung geschah, vorzuziehen ist [...] Lasst uns alle vorwiegend diese Übersetzung benutzen. Damit jedoch nicht der Eindruck erweckt werde, dass wir alle anderen Übersetzungen verbieten, erteilen wir die Erlaubnis, auch Aquilas Übersetzung zu benutzen, obgleich er ein Nichtjude war und in einigen seiner Deutungen nicht wenig von der Septuaginta abweicht. Was sie die *Mischna* nennen, verbieten wir hingegen ganz und gar, denn diese zählt weder zu den heiligen Büchern, noch ist sie von oben empfangen und von den Propheten weitergegeben worden. Vielmehr handelt es sich hierbei um etwas, das die Menschen in ihrem Geschwätz erfunden haben, das ausnahmslos irdischen Ursprungs ist und nichts Göttliches in sich birgt.«

Wissenschaftler haben sich gefragt, wen Justinian eigentlich anspricht. Wir sehen in der Novelle keineswegs einen Beweis für unsere Theorie, glauben aber, dass sie sich mithilfe unserer Theorie gut erklären lässt. Diese Erklärung vervollständigt das von uns beschriebene Bild von der Kluft zwischen den beiden Diasporas. Man muss sich vor Augen halten, dass Justinian auch über das Land Israel herrschte und damit über verschiedene Judenheiten: zum einen über aramäischsprachige Juden im Land Israel, die der rabbinischen Tradition verpflichtet waren, und zum anderen über griechischsprachige westliche Juden, die keine Anbindung an diese Tradition hatten. Man könnte die Novelle interpretieren als einen Versuch hebräisch- und aramäischsprachiger Juden des Ostens, die westlichen Juden im sechsten Jahrhundert mit rabbinischer Literatur bekannt zu machen und so die Spaltung zwischen ihnen zu überwinden. In der Novelle spiegelt sich ein Konflikt zwischen den Juden des Ostens und des Westens. Die westlichen Juden, die schon seit Jahrhunderten von den Entwicklungen im Osten abgeschnitten waren, wollten die mündliche Lehre offenbar nicht als verbindlich und autoritativ anerkennen. Der Umstand, dass die Mischna seit Jahrhunderten ein verbindlicher Text war und die beiden Talmudim ihm Autorität und Sakralität verliehen hatten, die westlichen Juden ihn aber dennoch nicht akzeptieren wollten, ist interessant an sich. Justinian wurde gebeten, zwischen beiden Parteien zu vermitteln, und tatsächlich fand er so etwas wie einen Kompromiss: Einerseits ließ er Aquilas Übersetzung in der Synagoge zu und beschwichtigte so die Rabbinen, die diese Übersetzung der Septuaginta vorzogen; andererseits stellte er mit seinem Verbot der mündlichen Lehre die westlichen Juden zufrieden. Die Rabbinen müssen also zumindest in einem späteren Stadium versucht haben, eine stabile Verbindung zu den Juden des Westens herzustellen und sie dem rabbinischen Recht zuzuführen, doch sie wurden zurückgewiesen. Wir glauben, dass die Entscheidungen der Konzilien von Toledo einige Jahr später einen ähnlichen Versuch darstellen. Dieser Versuch war insofern erfolgreich, als die Juden des Westens das rabbinische Recht als einen unverbindlichen Text akzeptierten. Am Ende des ersten Kapitels seiner Novelle ermahnt Justinian die Rabbinen des Landes Israel, sich nicht mehr in die Angelegenheiten der Juden des Westens einzumischen und nicht zu versuchen, ihnen die mündliche Lehre aufzuzwingen. Der Kaiser dürfte sich damit den Christen angeschlossen haben, die die mündliche Lehre strikt ablehnten und verlangten, die Juden sollten sich ausschließlich dem Alten Testament widmen. Dem Juden als Zeugen war ganz sicher der Vorzug zu geben.

Zu der Novelle wäre noch eine andere Erklärung denkbar: dass sich der innere Konflikt, den die Novelle offenbart, innerhalb der jüdischen Gemeinde des Landes

Israel abspielte, so dass diese Gemeinde sich mit der Bitte um eine endgültige Entscheidung an den Kaiser wandte. Die Novelle enthält mehrere Hinweise auf einen Sprachgebrauch, wie er im Land Israel zu jener Zeit üblich war. So wird das Wort *archipherekitae* erwähnt, das sich vermutlich auf *resch pirka* (wörtlich »Anfang des Kapitels«) bezieht, ein im Land Israel bekannter Ausdruck. Die Novelle könnte also auch die Antwort auf eine Kontroverse zwischen der griechisch- und der hebräischsprachigen Gemeinde im Land Israel selbst sein, bei der es darum ging, in welcher Sprache die Toralesung erfolgen sollte. Bei der Behandlung dieses Streitfalls nimmt Justinian als christlicher Kaiser die Gelegenheit wahr und verbietet die Lektüre der Mischna. Sie ist in seinen Augen eine menschliche Schöpfung und zählt »weder zu den Heiligen Büchern, noch ist sie von oben empfangen und von den Propheten weitergegeben worden. Vielmehr handelt es sich hierbei um etwas, das die Menschen in ihrem Geschwätz erfunden haben«. Trifft diese Auslegung zu, dann deutet Justinians Novelle nicht auf einen Versuch der Rabbinen hin, die Mischna unter den Juden des Westens zu verbreiten. Dies würde mit unserer wieter oben aufgestellten Behauptung übereinstimmen, dass die Rabbinen keinerlei Schritte unternahmen, um die westliche Diaspora an das rabbinische Recht anzubinden.

Was geschah mit den Juden im griechischsprachigen Europa, also im Byzantinischen Reich? Für das frühe Mittelalter ist die Quellenlage hier noch schlechter. Zwar hat Nicholas de Lange in Judäo-Griechisch abgefasste Fragmente aus der Kairoer Geniza publiziert. Diese Sammlung enthält unter anderem eine Übersetzung des Buches Prediger sowie Teile der Pessach-Haggada, beide auf Judäo-Griechisch. Außerdem enthält die Geniza zwei hebräisch-griechische Glossare für die Sprache der Mischna. All dies zeugt lediglich davon, dass die Mischna und die Pessach-Haggada spätestens im zehnten Jahrhundert in Europa bekannt waren, denn die Kairoer Geniza enthält nur Dokumente aus der Zeit ab dem neunten oder zehnten Jahrhundert. Einige Forscher glauben, die Fragmente würden die Existenz einer griechischen jüdischen Gemeinde beweisen und diese sei eine direkte Fortsetzung des Judentums aus römisch-hellenistischer Zeit. Diese Theorie beruht unseres Erachtens auf unbegründeten Annahmen. Außerdem hat de Lange einen Abschnitt des Buches Prediger in judäo-griechischer Übersetzung publiziert, die eine große Nähe zu Aquilas Übertragung aufweist. Die Rabbinen hatten sich für Aquilas Übersetzung eingesetzt, die, soweit wir wissen, eine wörtliche Übertragung aus dem Hebräischen ins Griechische war. Sollte sie jedoch rabbinische Einflüsse enthalten, dann würde das beweisen, dass die Rabbinen sich darüber im Klaren waren, dass sie auf die westliche Gemeinde nur mithilfe der Bibel und der griechischen Sprache einwirken konnten! Sie hätten eingesehen, dass die Bibel für diese jüdische Gemeinde das authentische religiöse Schriftwerk bedeutete und dass es unmöglich sein würde, ihr jegliche andere Literatur aufzunötigen.

Was unsere These anbelangt, so steht außer Zweifel, dass die Juden im griechisch und lateinisch dominierten Europa, die nicht zum Christentum übertraten und ohnehin Schwierigkeiten hatten, untereinander zu kommunizieren, bis zum neunten und zehnten Jahrhundert dem biblischen Judentum angehörten. Sollte es immer noch Wissenschaftler geben, die glauben, die rabbinische Literatur sei vor dem neunten Jahrhundert in Europa bekannt gewesen, so wird ihre These jedenfalls weder von den Kirchengesetzen und Synoden noch von den Schriften der christlichen Theologen gestützt. Diese Quellen zeigen im Gegenteil ganz klar, dass die Christen in jenen Gegenden mit der rabbinischen Literatur nicht vertraut waren und dass sich ihre Reaktionen, sofern die Quellen davon berichten, grundsätzlich von früher unterschieden, als man in den Juden nicht mehr als einen Beweis für das Alte Testament sah.

Es gibt bis etwa zum neunten Jahrhundert kaum Informationen von jüdischer Seite über die Existenz von Juden in Europa und über ihre Geschichte. Die Frage stellt sich, ab wann jüdische Quellen dazu systematisch Informationen geben und warum sie es tun. Tatsache ist, dass innerjüdische Informationen und schriftliche Fragmente eines kollektiven Gedächtnisses bezüglich der europäischen Juden zur gleichen Zeit und am gleichen Ort auftauchen wie auch die Anfänge des europäischen rabbinischen Schrifttums, sprich: des Studiums der Tora, nämlich im neunten und zehnten Jahrhundert. Seit es in Europa rabbinische Schriften gibt, die Eingang in die rabbinische Textüberlieferung gefunden haben, werden auch Informationen bewahrt, die den Anfang einer Geschichtsschreibung ermöglichen. Von den ersten Jahrhunderten u. Z. bis zum neunten Jahrhundert gibt es nur Nachrichten aus christlichen Quellen. Man kann jedoch mit Sicherheit davon ausgehen, dass Juden in ganz Europa präsent waren, wenn auch in Form einer signifikanten Minderheit, und dass diese Juden von der Überlieferung rabbinischen Schrifttums und Gedankenguts abgeschnitten waren. Es darf daher nicht verwundern, wenn sie in dieser Überlieferung nicht erwähnt werden. Dagegen werden sie in der Literatur der Christen, die mit ihnen im Dialog blieben, durchaus erwähnt.

Fassen wir zusammen: Die jüdische Welt zerfiel in hellenistischer Zeit in zwei Hälften, die sich immer weiter voneinander entfernten. Die Spaltung war das Ergebnis einer Sprachbarriere, die mit einer geografischen Trennung einherging: Hebräisch und Aramäisch auf der einen, Griechisch und Latein auf der anderen Seite. Die *communis opinio* einer beständigen Verbindung zwischen der griechischsprachigen Diaspora im Westen und den Zentren im Land Israel und in Babylonien haben wir in unserer Studie angefochten. Wir konnten unsere These mithilfe jüdischer, heidnischer und christlicher Quellen untermauern.

Im Laufe der Zeit entstanden zwei verschiedene Wissensfundamente und zwei unterschiedliche Literaturen: Im Westen galt die Bibel in ihren griechischen Übersetzungen nebst einigen Apokryphen und Pseudepigraphen, im Osten vor allem die rabbinische Literatur – Mischna, Tosefta, beide Versionen des Talmud und der Midrasch. So kam es zu einer Spaltung, in deren Folge sich die normativen Systeme beider Diasporas weit voneinander entfernten. Während im hebräisch-aramäischen Osten die Rabbinen ein eigenes Normensystem entwickelten, blieb im griechisch-lateinischen Westen das biblische Normensystem auf der Grundlage der Bibelübersetzungen maßgebend. Zur Herausbildung einer mündlichen Lehre kam es in der westlichen Diaspora nicht, und die westlichen Juden trugen auch nicht zur Entwicklung der mündlichen Lehre im Osten bei. Römischer Gesetzeskodex und Kirchensynoden bestätigen, wo sie sich auf die Juden beziehen, für unterschiedliche geografische Orte die Verschiedenheit der östlichen und der westlichen Diaspora. In der heidnischen Literatur werden Juden geschildert, die nach der Tora und nicht nach dem mündlichen Gesetz leben.

Auch archäologische Funde belegen diese Spaltung, die sich auf verschiedene Lebensbereiche erstreckt – nicht nur in sprachlicher Hinsicht, sondern auch auf theologischer und kultureller Ebene. Erst in späterer Zeit kam es zu einem grundlegenden Wandel in der jüdischen Diaspora, als alle Diasporagemeinden sich auf die mündliche Lehre stützten und Hebräisch die »offizielle« jüdische Sprache wurde.

Quellen, in denen Reisen von Rabbinen zu westlichen Diasporagemeinden erwähnt werden, deuten darauf hin, dass es sich bei diesen Besuchen um zufällige Ereignisse handelte. Um überall uniforme Strukturen zu schaffen, bemühte sich die Kirche um ein Kommunikationsnetz, eine einheitliche Verwaltung und ein Kirchenrecht. Selbst die frühen Apostel reisten zu einer Vielzahl von Orten, um zu predigen. Ein vergleichbares Vorgehen gab es unter den Juden im Westen nicht. Kein bürokratisches System schrieb ihnen die Halacha vor – nicht einmal Informationen über die Halacha wurden weitergegeben. Es gab auch keine Gesandten, die auszogen, um zu predigen. Ganz im Gegensatz dazu brachte die östliche Diaspora ein Kommunikationssystem hervor, mit dessen Hilfe Gesetze übermittelt wurden. Die Mischna selbst wurde vom Land Israel nach Babylonien weitergegeben, wo sie zur Grundlage des Babylonischen Talmud wurde. Im Talmud finden sich viele Geschichten von Weisen, die zwischen dem Land Israel und Babylonien hin- und herreisten und Gesetze und Überlieferungen mitbrachten. Im Babylonischen Talmud werden häufig die Kommentare weithin bekannter Gelehrter des Landes Israel zitiert, und umgekehrt finden sich im Jerusalemer Talmud die Kommentare namhafter Gelehrter aus Babylonien. In der westlichen Diaspora gab es keine vergleichbaren

Aufzeichnungen. Die wenigen Quellen, die es überhaupt gibt, zeigen, dass die Verbindung zum Osten sporadisch war. Abgeschnitten vom rabbinischen Netzwerk, waren diese jüdischen Gemeinden eine aufnahmebereite Basis für das von Paulus initiierte christliche Netzwerk, das sich auf diese Weise über den gesamten Mittelmeerraum ausbreiten konnte.

In der vorliegenden Studie haben wir ein Bild skizziert, das die herkömmliche wissenschaftliche Sicht auf die jüdische Diaspora nach der Zerstörung des Tempels im Jahr 70 u. Z. in Zweifel zieht. Eine Reihe kritischer Fragen, die sich aus unserer Analyse ergeben, haben wir noch nicht gestellt: Warum hat die rabbinische Führung zugelassen, dass dieser Riss sich bildete und immer größer wurde? Haben die Rabbinen die westliche Diaspora absichtlich preisgegeben – und wenn ja: weshalb? Vielleicht waren sie überfordert mit der Führung der riesigen Diaspora, die westlich von ihnen entstand. Andererseits: Weshalb verloren die Juden im Westen ihre Verbindung zum Zentrum im Land Israel? Möglicherweise war die Sprachbarriere keine Ursache, sondern ein Symptom für eine viel tiefer liegende kulturelle Spaltung, die die Beziehung zwischen den beiden Gemeinden erschwerte. Vielleicht war die Spaltung auch einfach derart groß geworden, dass sie nicht mehr zu überwinden war. Mit Sicherheit lässt sich sagen, dass die Juden für die mündliche Überlieferung ihrer Halacha einen hohen Preis gezahlt haben, nämlich den Verlust eines Großteils ihrer Gemeinschaft. Der Medientheoretiker Harold Innis hat die Kommunikationsmedien in zwei Kategorien eingeteilt: »Zeit bindende« (time-biased) und »Raum bindende« (space-biased) Medien. Mündlichkeit wird von ihm zu den Zeit bindenden Medien gezählt, die eine

Gesellschaft ganz auf ihre Vergangenheit ausrichten. Schrift hingegen ist ein Raum bindendes Medium, dessen Wirksamkeit nicht in der Zeit liegt, sondern in der Überwindung von Grenzen und dem Erschließen von Räumen. Als die Rabbinen sich für die Mündlichkeit und die Determinante »Zeit« entschieden, mussten sie Raum aufgeben – die westliche Hälfte der jüdischen Welt. Künftige Forscher werden diese Teilung möglicherweise in einem größeren Zusammenhang mit ähnlichen Aufspaltungen sehen, die es in der jüdischen Geschichte immer wieder gegeben hat. Es ist nicht unwahrscheinlich, dass die Kräfte, die zu einer solch fundamentalen Spaltung der jüdischen Nation führten, schon seit biblischen Zeiten im Judentum vorhanden waren. Es gab im Judentum soziale, politische, religiöse und halachische Spaltungen, die zu treibenden Kräften in der jüdischen Geschichte wurden. Im Unterschied zu den in der Bibel beschriebenen Spaltungen innerhalb des Landes Israel hat der Bruch, den wir hier geschildert haben, in der jüdischen Literatur keinerlei explizite Behandlung erfahren – nicht einmal in den Apokryphen, Pseudepigraphen und der rabbinischen Literatur. Der Verlust eines so großen Teils des jüdischen Volkes ist bereits eine Tragödie. Uns geht es jedoch in erster Linie darum, dass diese Menschen aus dem kollektiven jüdischen Gedächtnis verschwunden sind. Der enorme Teil, der dem jüdischen Volk in der griechisch-römischen Zeit und im frühen Mittelalter verloren ging, ist einfach in Vergessenheit geraten. Die hebräische Bibel berichtet von Spaltungen verschiedener Art, die zu immer wieder begegnenden Erinnerungen und Erinnerungsfragmenten gestaltet wurden. Es gibt Abschnitte, die Ursprungserzählungen gleichkommen, in denen sich die Furcht ausspricht, Teile der Nation zu verlieren (etwa Jos 22; 1 Kön 12 zur Schöpfung der zehn Stämme, die später verloren gingen; siehe 2 Kön 17). In vielen Fällen aber wollten sich die Juden nicht mit dem Verlust der zehn Stämme abfinden. Es fällt beispielsweise auf, dass die zwölf Stämme beständig im Zusammenhang mit den zehn bereits verlorenen erwähnt werden. In der rabbinischen Literatur lässt sich ein Bewusstsein für den Verlust der zehn Stämme entdecken, ironischerweise jedoch nicht für den in unserem Buch beschriebenen Verlust. Die Tragödie dieses Verlusts liegt nicht nur darin, dass ein großer Teil der jüdischen Bevölkerung verschwand, sondern auch darin, dass er für immer aus dem Bewusstsein des Volkes gelöscht wurde. Wir hoffen, dass unsere Untersuchung zu weiterer Forschung Anstoß geben und letztlich zu einem tieferen Verständnis jüdischer Geschichte und Gesellschaft beitragen wird.

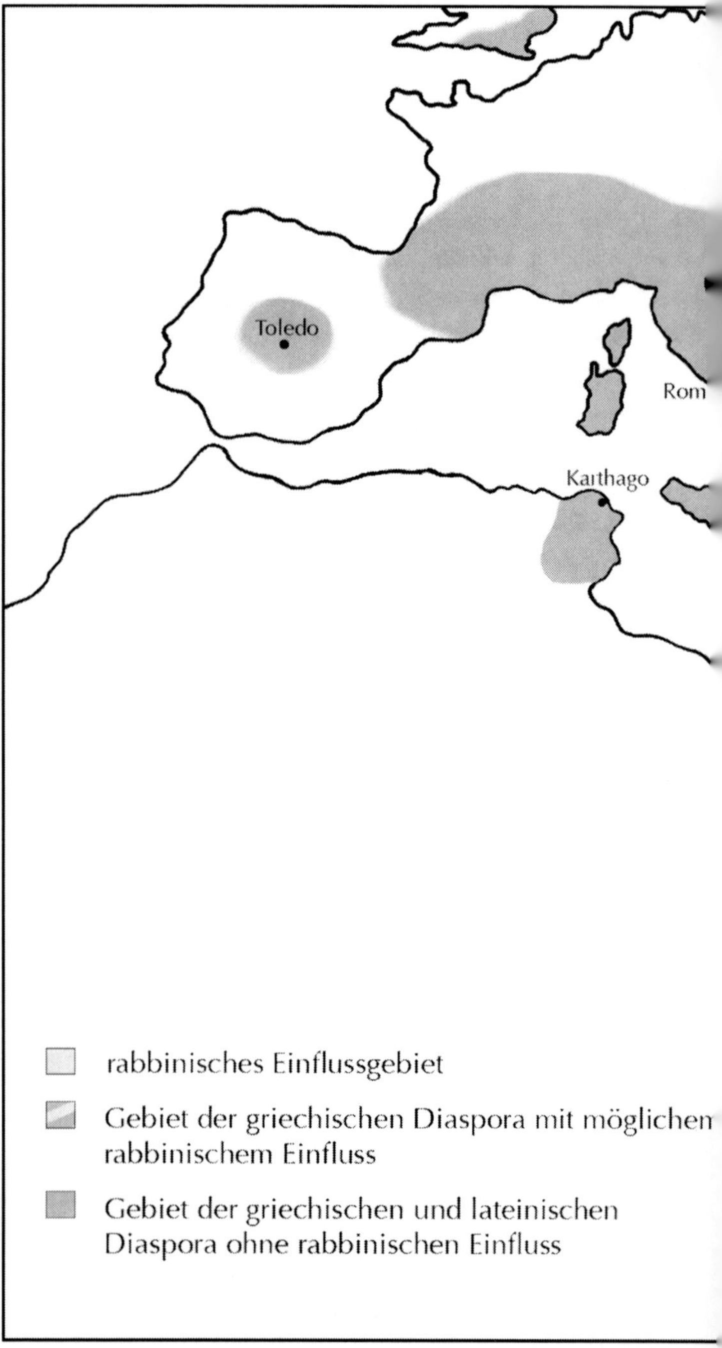
Toledo
Rom
Karthago
rabbinisches Einflussgebiet
Gebiet der griechischen Diaspora mit möglichem rabbinischem Einfluss
Gebiet der griechischen und lateinischen Diaspora ohne rabbinischen Einfluss

Einflussgebiete rabbinischer Gesetze und Lehren in der jüdischen Diaspora

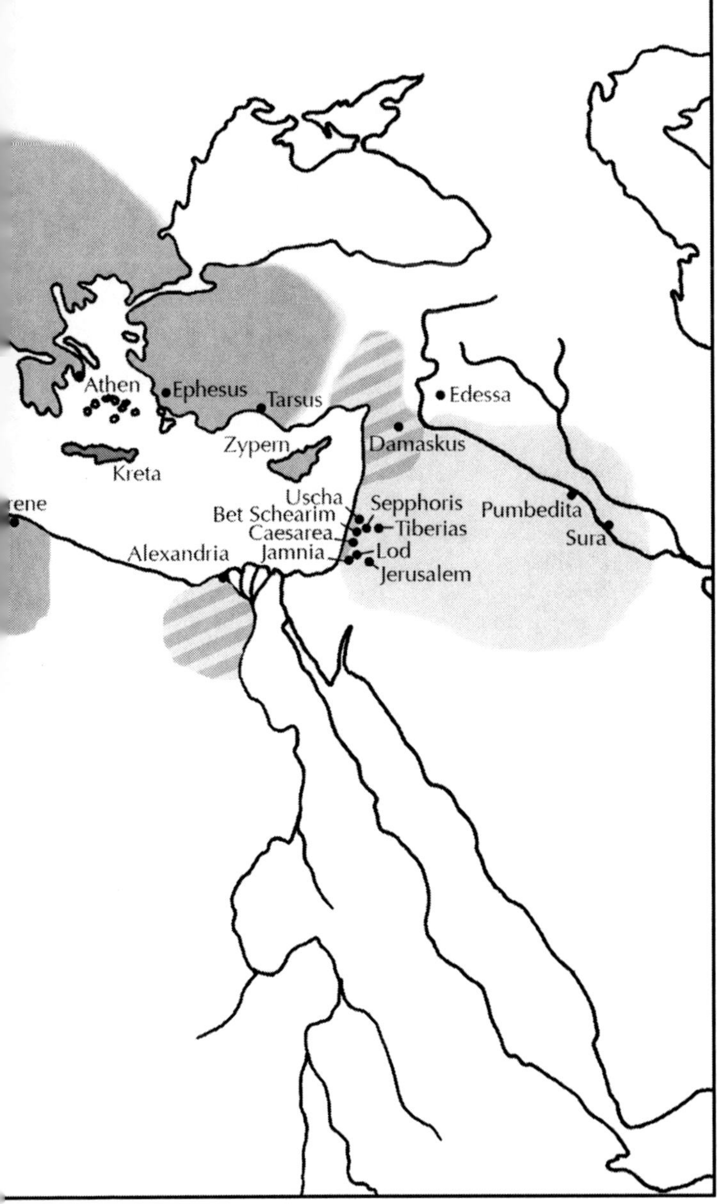

Quellen und Literatur

Folgende deutsche Ausgaben für die in diesem Buch in einer Kurzform (mit Angabe von Ordnung, Traktat und Vers) häufig zitierten Schriften von Mischna und Talmud wurden verwendet:

1. Die Mischna. Das grundlegende enzyklopädische Regelwerk rabbinischer Tradition, ins Deutsche übertragen, mit einer Einleitung und Anmerkungen von Dietrich Correns, Wiesbaden 2005 (weiter zitiert als Mischna Correns 2005). – 2. Der babylonische Talmud, neu übertragen durch Lazarus Goldschmidt, 12 Bde., Berlin 1929 seq. (weiter zitiert als Babylonischer Talmud Goldschmidt, Band, Jahr). – 3. Übersetzung des Talmud Yerushalmi, hg. von Martin Hengel u. a. 1/2: Pea – Ackerecke, übersetzt von Gerd A. Wewers, Tübingen 1986; Bd. 2/10: Megilla – Schriftrolle, übersetzt von Frowald G. Hüttenmeister, Tübingen 1987; Bd. 3/2: Sota – Die des Ehebruchs verdächtigte Frau, übersetzt von Frowald G. Hüttenmeister unter Hinzuziehung eines Manuskriptes von Leo Prijs, Tübingen 1998; Bd. 4/8: Horayot – Entscheidungen, übersetzt von Gerd A. Wewers, Tübingen 1984 (weiter zitiert als Talmud Yerushalmi Hengel, Band, Jahr). – 4. Die Tosefta. Seder 1: Zeraim. 1,1: Berakot – Pea, übersetzt und erklärt von Eduard Lohse und Günter Mayer, Stuttgart u. a. 1999; Die Tosefta. Seder 2: Moëd. 3: Sukka – Jom tob – Rosch ha-Schana, übersetzt und erklärt von Hans Bornhäuser und Günter Mayer, Stuttgart u. a. 1995; Die Tosefta. Seder 2: Moëd. 4: Taanijjot – Megilla, übersetzt und erklärt von Günter Mayer und Carola Krieg, Stuttgart u. a. 1995; Die Tosefta. Seder 3: Naschim. 1. Jebamot – Nedarim, Text, Übersetzung, Erklärung von Karl Heinrich Rengstorf, Stuttgart 1933; Die Tosefta. Seder 4: Nezikin 3: Sanhedrin – Makkot, übersetzt und erklärt von Børge Salomonsen, mit Beiträgen von Karl Heinrich Rengstorf, Stuttgart u. a. 1976; Die Tosefta. Seder 6: Toharot. 2: Para – Mikwaot, übersetzt und erklärt von Gerhard Lisowsky und Emanuel Schereschewsky, Stuttgart u. a. 1965 (weiter zitiert als Tosefta Stuttgart, Seder, Jahr).

Die folgenden Hinweise auf Quellen und Literatur benennen lediglich diejenigen Titel, auf die wir uns in unserer Argumentation direkt beziehen. Zudem geben wir immer wieder auch grundlegende Literaturhinweise, mit denen die Leserinnen und Leser sich Aspekte des Themas weiter erschließen können.

Die Abkürzung »v. u. Z.« und »u. Z. « steht für »vor unserer Zeitrechnung« und »unserer Zeitrechnung« anstelle des sonst üblichen »v. Chr.« oder »n. Chr.«.

Zwei Sprachen – zwei Wissenskulturen

Zu den Juden in Ost und West in jener und späterer Zeit vgl. The Cambridge History of Judaism, Bd. 4, hg. von Stephen T. Katz, Cambridge u. a. 2006, bes. Kapitel 2 und 19. Es ist hier nicht der Ort, sich in aller Ausführlichkeit kritisch mit der These von Seth Schwartz auseinanderzusetzen (Seth Schwartz, Imperialism and Jewish Society, 200 BCE to 640 CE, Princeton, N. J., 2001). Schwartz glaubt nicht, dass die rabbinischen literarischen Erzeugnisse die Lebenswirklichkeit einer jüdischen Gemeinde spiegeln; er hält die rabbinische Lehre und die Halacha für das Werk einer esoterischen Gruppe von Rabbinen, die keinerlei Einfluss auf die jüdische Umgebung ausübte und kaum mit ihr Kontakt hatte. Es fällt uns schwer, diese These zu akzeptieren: Ein so eindrucksvolles Korpus wie die Tosefta, die Mischna und der Jerusalemer Talmud wären wohl kaum geschaffen worden, hätte es keine bedeutende jüdische Gemeinde und Solidargemeinschaft gegeben, die seiner bedurft hatte. Der rabbinische Diskurs in diesen Werken entfaltet einen wirklichkeitsgetreuen Ideenaustausch über das tägliche Leben und reale Beziehungen innerhalb der Gemeinden. Uns ist jedenfalls die Feststellung wichtig, dass die Rabbinen selbst – ob sie nun reine Akademiker waren, wie Schwartz annimmt, oder auf praktische Erfahrungen zurückgriffen – sich dessen bewusst waren, dass sie mit den Juden im Land Israel und östlich davon in Verbindung standen, von den Juden der westlichen Diaspora jedoch völlig abgeschnitten waren. Eine ausgezeichnete Rezension des Buches von Schwartz ist die von Yaron Z. Eliav, The Matrix of Ancient Judaism. A Review Essay of Seth Schwartz's Imperialism and Jewish Society 200 BCE to 640 CE, in: Prooftexts 24 (2004), 116–128.

Eine gute Zusammenfassung der verschiedenen Thesen zum Verhältnis zwischen der Diaspora in Ost und West und dem Zentrum im Land Israel gibt Lee I. Levine, Unity and Diversity in Ancient Judaism. The Case of the Diaspora Synagogue, in: Isaiah M. Gafni u. a. (Hgg.), The Jews in the Hellenistic-Roman World. Studies in Memory of Menahem Stern, Jerusalem 1996, 379–392 (hebr.). David Solomon kommt in seiner von Menachem Stern betreuten (nicht publizierten) Dissertation *Reciprocal Spiritual and Cultural Influences between Diaspora and Eretz Jisrael Jewry during the Second Temple Era and until the Revolt under Trajan,* Diss. Jerusalem 1976 (hebr.), zu dem Schluss, das rabbinische Zentrum im Land Israel habe die gesamte Diaspora kontrolliert. Überprüft man jedoch die Quellen, auf die er sich stützt, so ist die gewaltige Kluft zwischen der östlichen, Ägypten einschließenden Diaspora einerseits und der westlichen Diaspora andererseits nicht zu übersehen.

Zur westlichen Diaspora gibt es nur wenige Quellen. Solomon leitet unter anderem Annahmen über die westliche Diaspora von Quellen her, die sich auf die östliche beziehen, macht also nicht die von uns vorgeschlagene Unterscheidung. Tessa Rajak erörtert in ihrem Aufsatz »The Jewish Community and its Boundaries« (in: dies., The Jewish Dialogue with Greece and Rome, Leiden 2001, 335–354) die Verbindung zwischen der griechischen jüdischen Diaspora und der rabbinischen Gemeinde im Land Israel. Wer sich für ältere Literaturangaben zu diesem Thema interessiert, wird hier fündig. Sie behauptet, es gebe nicht genügend Beweise, um hierzu mit Bestimmtheit Aussagen zu machen. Ihre Behandlung des Problems befriedigt nicht und lässt uns ohne klare Antwort. Andere Forscher zur jüdischen Diaspora sind in ihren Arbeiten auf diese Frage nicht eingegangen; vgl. etwa John M. G. Barclay, Jews in the Mediterranean Diaspora. From Alexander to Trajan (323 BCE–117 CE), Edinburgh 1996; Isaiah M. Gafni, Land, Center and Diaspora. Jewish Constructs in Late Antiquity, Sheffield 1997; Leonard Victor Rutgers, The Hidden Heritage of Diaspora Judaism, Leuven [2]1998 (man beachte jedoch seinen Kommentar auf Seite 94), und Erich S. Gruen, Diaspora. Jews amidst Greeks and Romans, Cambridge, Mass., 2002.

Zu den Diasporagemeinden in der Spannung zwischen Bewahrung und Anpassung vgl. Barclay, Jews in the Mediterranean Diaspora; hierzu auch das von Barclay herausgegebene Buch *Negotiating Diaspora. Jewish Strategies in the Roman Empire,* London 2004. Zum Verhältnis der Diaspora zum Tempel und zur gestörten Balance von Bewahrung und Anpassung nach der Zerstörung des Tempels vgl. Shmuel Safrai, In Times of Temple and Mishnah. Studies in Jewish History, 2 Bde., Jerusalem 1994 (hebr.). Später behauptete der Autor jedoch, dass in der Zeit von Rabban Gamliel die Verbindung mit der Diaspora erneuert worden sei. Die Quellen, die er heranzieht, haben wir weiter oben im Kapitel »Zwei Sprachen – zwei Wissenskulturen« diskutiert.

Über die zentrale Rolle des Tempels vor seiner Zerstörung in der Diaspora und im nationalen Bewusstsein des jüdischen Volkes vgl. auch Aryeh Kasher, Jerusalem as a »Metropolis« in Philo's National Consciousness, in: Cathedra 11 (1980), 45–56 (hebr.); Uriel Rappaport, The Jews of Eretz-Israel and the Jews of the Diaspora during the Hellenistic and Hasmonean Periods, in: Te'uda 12 (1996), 1–9 (hebr.); Doron Mendels, The Rise and Fall of Jewish Nationalism, Grand Rapids [2]1997.

Im christlichen Europa wurde die gesamte rabbinische Literatur auf Hebräisch verfasst. Dazu zählten die Talmudkommentare, die Bibelkommentare und die halachische Literatur (vgl. Israel Moses Ta-Shma, Talmudic Commentary in Europe and North Africa, Bd. 1, Jerusalem 1999, 25 [hebr.]). Daran änderte sich bis zum Beginn der Aufklärung nichts. Es gab jedoch unterschiedliche Varianten des Hebräischen. Ein Teil dieser Literatur, insbesondere halachische Schriften, wurde in einem »rabbinischen Hebräisch« verfasst, das Hebräisch mit Aramäisch kombinierte. Entscheidend war nicht nur, dass die rabbinische Literatur sich des Hebräischen bediente, sondern – und das war vielleicht noch wichtiger – dass dieser Schriftenkanon nicht in andere Sprachen übersetzt wurde. Die Bibel, der Talmud und das Gebetbuch wurden also während des gesamten Mittelalters im christlichen Europa nur in den Originalsprachen verbreitet. Tatsächlich war Hebräisch auch im maurischen Spanien in allen Disziplinen, in denen geschrieben und gedichtet wurde, die vorherrschende Sprache, selbst wenn sich zu Beginn des elften Jahrhunderts Einflüsse von Schriften babylonischer Geonim feststellen lassen, der religiösen Führer und Oberhäupter der Akademien in nachtalmudischer Zeit. Die ersten spanischen Gelehrten wie etwa Rabbi Schmuel ha-Nagid und Ritz Geut (Rabbi Jitzchak ben Jehuda ibn Giat, gest. Cordoba 1089) schrieben ein Gemisch aus Hebräisch und Arabisch (Ta-Shma, Talmudic Commentary in Europe and North Africa, 157–159). Das mag erklären, weshalb diese Werke großenteils verloren gingen und weniger Nachhall hatten. Dasselbe gilt für die babylonische gaonäische Literatur, die auf Judäo-Arabisch (ein mit hebräischen Buchstaben geschriebenes Arabisch, in das hebräische Wörter eingestreut waren) abgefasst war, und teilweise auch für die auf Judäo-Arabisch verfassten halachischen Abhandlungen der Geonim, die zweifellos geringen Einfluss auf den halachischen Diskurs hatten. Der Grund dafür ist, dass Arabisch eine Sprache war, die Anfang des zwölften Jahrhunderts ihre Bedeutung für die jüdische Welt verloren hatte. Siehe hierzu Simha Assaf, Tekufat ha-Geonim we-Sifruta, Jerusalem 1955, 188 (hebr.); Robert Brody, The Geonim of Babylonia and the Shaping of Medieval Jewish Culture, New Haven 1998, 222. Bereits im zehnten Jahrhundert schrieb Rabbi Sa'adia Gaon in Babylonien als erster Gelehrter ein Buch über jüdisches Recht auf Arabisch. Das setzte sich, wie gesagt, die ganze gaonäische Periode und in Spanien das ganze elfte Jahrhundert hindurch fort. Die Gelehrten, die auf Arabisch schrieben, benutzten das hebräische Alphabet. Demzufolge konnte die Zielgruppe – nämlich Juden, deren erste Sprache Arabisch war – hebräische Buchstaben und folglich die Tora auf Hebräisch lesen sowie ein Gebet nach dem hebräischen Gebetbuch sprechen, selbst wenn sie nicht alles verstand, was sie las.

Auf dem Gebiet der Philosophie wurden bis Mitte des zwölften Jahrhunderts mehrere wichtige Werke auf Arabisch verfasst, doch sie alle wurden schon bald nach ihrer Entstehung ins Hebräische übersetzt (*Emunot we-Deot* [Glaubenslehre und Philosophie] von Sa'adia Gaon, *Sefer Chovot ha-Levavot* [Buch von den Herzenspflichten] von Bachja ibn Pakuda, *Sefer ha-Kuzari* [Buch der Kusari] von Jehuda Halevi und *More Nevuchim* [Führer der Unschlüssigen] von Maimonides). Werke, die nicht ins Hebräische übersetzt wurden, waren weniger bedeutend und führten eine Randexistenz (zum Beispiel *Mekor Chajim* [Lebensquelle] von Solomon ibn Gabirol). Maimonides schrieb seine frühen halachischen Werke, den Mischna-Kommentar und das *Sefer ha-Mitzvot* (Buch der mosaischen Gebote) noch auf Arabisch und ging erst bei der Niederschrift von *Mischne Tora* (Wiederholung des Gesetzes) zum Hebräischen über. In einem Responsum, das Maimonides einem Gelehrten in Tyrus schrieb, äußerte er zu seinem *Sefer ha-Mitzvot*: »Ich bedaure, dass ich auf Arabisch schrieb, denn jedermann sollte es lesen, und ich warte darauf, dass es mit Gottes Hilfe in die heilige Sprache übersetzt werde.« (Maimonides Responsa, hg. von Joshua Blau, Bd. 2, Jerusalem [2]1986, Nr. 447, 725 [hebr.].) Fortan schrieb Maimonides nur noch solche Werke auf Arabisch, die für eine arabischsprachige Zielgruppe bestimmt waren. Rabbi Menachem ha-Me'iri schrieb im 13. Jahrhundert nicht mehr in einem hebräisch-aramäischen Misch-Idiom, wie es in der rabbinischen Literatur akzeptiert wurde, sondern in reinem

Hebräisch; offensichtlich ist dies dem Einfluss von Maimonides *Mischne Tora* zu verdanken.

Möglicherweise wurde der Übergang zu einer gemeinsamen Sprache im späten Mittelalter von der römischen Kirche angeregt, die Latein als Amtssprache benutzte. Das Konzept einer einheitlichen jüdischen Gelehrtensprache war vom elften Jahrhundert an etwas Neues. Im antiken Judentum gab es jüdische Literatur in aramäischer, griechischer oder lateinischer Sprache und weiteren Übersetzungen. Darüber hinaus schrieb in Babylonien und im maurischen Spanien eine beträchtliche Anzahl von Geonim und Rabbinen auf Arabisch. – In der römischen Kirche führte die Hinwendung zu den Nationalsprachen im Laufe des Mittelalters und der Renaissance zu einer Krise, die in den Bewegungen Wyclifs, Hus' und später Luthers ihren Ausdruck fanden; vgl. hierzu The New Cambridge Medieval History, Bd. 8, hg. von Christopher Allmand, Cambridge 1998, 23 und 377; Malcolm D. Lambert, Medieval Heresy. Popular Movements from the Gregorian Reform to the Reformation, Oxford [3]2002, bes. 247–322; Robert W. Scribner, Art. »Germany«, in: Malcolm D. Lambert/Roy Porter/Mikuláš Teich (Hgg.), The Reformation in National Context, Cambridge 1994, 4–29, bes. 13.

Zur ursprünglich mündlichen Überlieferung des halachischen und aggadischen Korpus in der östlichen Diaspora vgl. Yaakov Sussmann, Tora sche-Be'al Pe. Peschuta ke-Maschma'a, in: Mechkere Talmud 3 (2005), 209–305 (hebr.); Shlomo Naeh, Omanut ha-Zikaron. Mivnim schel Zikaron we-Tavnit schel Tekst be-Sifrut Chazal, in: Mechkere Talmud 3 (2005), 543–590 (hebr.). Zur Dominanz des Griechischen und zum fast völligen Verschwinden des Hebräischen aus dem jüdischen Leben in der griechischen Diaspora vgl. Nicholas Robert Michael de Lange, The Hebrew Language in the European Diaspora, in: Te'uda 12 (1996), 111–137. Zu dem Phänomen, dass die Apokryphen und Pseudepigraphen bei den Rabbinen keine Erwähnung finden, vgl. Yaakov Licht, Art. »Hitzonim u-Genuzim«, in: Encyclopaedia Biblica 5 (1978), 1104 f. (hebr.). Zu den rabbinischen Quellen gegen die Verwendung der externen Literatur vgl. Mischna *Sanhedrin* 10,1; Babylonischer Talmud *Sanhedrin* 90a, 199b; Jerusalemer Talmud *Pea* 1,1, 16b (Sp. 85); Jerusalemer Talmud *Sanhedrin* 10,1, 28a (Sp. 1317); *Bamidbar Rabba* 14,4; 15,22. Siehe auch Saul Lieberman, Greek and Hellenism in Jewish Palestine, Jerusalem 1962, 1 (hebr.).

Zum Einfluss der frühen rabbinischen Tradition in Rom vgl. Ranon Katzoff, The Laws of Rabbi Eliezer in Ancient Rome, in:

David Golinkin u. a. (Hgg.), Torah Lishma. Essays in Jewish Studies in Honor of Professor Shamma Friedman, Ramat Gan 2007, 344–357 (hebr.). Der Artikel ist Bräuchen römischer Juden gewidmet, die auf frührabbinischen Einfluss verweisen. Katzoff vergleicht Studien von William M. Clarke und dem bekannten Talmudforscher Yitzchak D. Gilat miteinander. Clarke befasst sich mit mehreren Abschnitten des lateinischen Schelmenromans *Satyricon* von Petronius Arbiter (gest. 66 u. Z.). In drei der von Clarke angeführten Passagen geht es um bestimmte Rituale im Zusammenhang mit dem Händewaschen. Clarke ist in der Talmudliteratur auf Bräuche gestoßen, die diesen sehr ähneln und alle der Tradition des Gelehrten Eliezer ben Hyrkanos (1./2. Jahrhundert u. Z.) zugerechnet werden. Gilat wiederum berichtet von einem in fünf römischen Romanen belegten Brauch, der das Fasten der Juden am Schabbat bezeugt. Außerdem enthalte der Jerusalemer Talmud eine Belegstelle, aus der hervorgeht, dass Eliezer ben Hyrkanos die Bestimmung des Schabbat in der Reinigung von Körper und Seele sah. Zusammengenommen legen die beiden Arbeiten von Clarke und Gilat die Vermutung nahe, dass die Positionen des Eliezer ben Hyrkanos in Rom bekannt waren und in die römische Literatur als jüdische Bräuche Eingang fanden.

Eliezer ben Hyrkanos dient im gesamten Talmud als Paradebeispiel für einen konservativen Weisen, der die Weitergabe der Tradition ohne jede Neuerung oder Deutung forderte. Über sich selbst sagte er: »Ich habe niemals etwas gelehrt, was ich nicht von meinen Lehrern gehört habe« (Babylonischer Talmud *Sukka* 28a). Ähnlich beschrieb ihn Rabban Jochanan ben Zakkai als »eine feste Zisterne, die keinen Tropfen verliert«. Eliezer ben Hyrkanos, der im Talmud auch zu den »Schammuti« gezählt wurde, weil er dem traditionsbetonten Bet Schammai anzuhängen schien, figuriert in der Forschungsliteratur zum Talmud als einer der letzten konservativen Weisen, aus dessen Lehren man etwas über die älteren Gesetze erfahren kann und dessen Streitgespräche mit anderen Weisen Einsichten in die Entwicklungen des jüdischen Rechts im ersten Jahrhundert u. Z. geben. Gilat selbst arbeitet diesen Stellenwert Eliezers in seinem Buch heraus; vgl. Yitzchak D. Gilat, R. Eliezer Ben Hyrcanus. A Scholar Outcast, Ramat Gan 1984. Sollte Katzoff tatsächlich recht haben und sollten die Untersuchungen von Clarke und Gilat hieb- und stichfest sein, dann würden Katzoffs Folgerungen unsere These erheblich stützen. Festzuhalten ist, dass die römische Literatur selbst noch in späteren Zeiten den Juden Bräuche zuschrieb, die über das biblische Gesetz hinausgingen,

Bräuche, die wir aus der Literatur als uralte halachische Traditionen kennen. Vermutlich gelangten diese Traditionen zu einer Zeit in den Westen, als Juden noch Pilgerreisen nach Jerusalem machten, oder aber sie wurden von Juden in den Westen gebracht, die nach der Zerstörung des Tempels ihr Land verlassen mussten. Im Unterschied dazu haben spätere Veränderungen und Entwicklungen, die in der rabbinischen Welt eintraten und sich in der rabbinischen Literatur niederschlugen, in Rom keine Spuren hinterlassen. Mit der Zeit lockerte sich die Bindung: Die römischen Juden konnten kein Hebräisch und die Rabbinen übersetzten ihre Lehren nicht, was zu einer immer größeren Kluft führte.

Zur »Unreinheit fremden Landes« vgl. Mischna *Nazir* 7,3; Tosefta *Ohalot* 18,1–5; Tosefta *Para* 3,5. In der Bibel wird dieses Gesetz nicht erwähnt. Obwohl die Rabbinen dieses Gesetz aus den Versen der Prophetenbücher (wie zum Beispiel »und du wirst in unreinem Land sterben« im Buch Amos, der diese Worte an den verbannten König von Babylonien richtete) herleiteten, ist es ganz sicher tannaitischer Herkunft. Zahlreiche Textstellen in beiden Talmudim weisen darauf hin, dass man dieses Gesetz Jose ben Jo'ezer und Jose ben Jochanan (1. Jahrhundert v. u. Z.) zuschrieb. Diese Unreinheit wurde als etwas sehr Schlimmes angesehen, ähnlich der, die ein toter Körper hervorruft. Philo und Josephus kommen mehrfach auf sie zu sprechen. Der äußere Grund für diese Vorstellung von Unreinheit war der, dass in Ländern außerhalb des Landes Israel Körper überall beerdigt wurden. Gedaliah Alon meint dagegen, das Gesetz beruhe auf der Vorstellung, dass alle Nationen aufgrund ihrer Götzenanbetung unrein seien und ihr Land ebenso. Dem Land Israel weist dieses Gesetz einen herausragenden Status zu: Es ist der einzige Ort, an dem man ein durch und durch jüdisches Leben führen kann, ohne dem Götzendienst ausgesetzt zu sein. Jemand, der aus der Diaspora ins Land Israel zurückkehrte, musste sich daher von der Unsauberkeit reinigen, die er sich dort zugezogen hatte. Siehe auch Chanoch Albeck, Haschlamot le-Perusch ha-Mischna, Jerusalem 1967, Ohalot 2,3, 536; Safrai, In Times of Temple and Mishnah 2, 632–634; Yehuda Ne'eman, Tumat Eretz ha-Amim – Hebet Histori, in: Sinai 2 (1997), 56–61 (hebr.); Saul Lieberman, Tosefta ki-Fschuta. A Comprehensive Commentary on the Tosefta, Bd. 6/7, Jerusalem [2]1995, Nezirut, 510, Anm. 34 (hebr.).

Des Weiteren heißt es im Midrasch: »Auch wenn ich dich aus dem Land weise und in die Verbannung schicke, halte dich weiterhin an die Mitzwot, so dass sie, wenn du zurückkehrst, dir nichts Neues sein werden. Ähnlich wie bei dem Menschenkönig, der sich über sein Weib erzürnte und sie zu ihrem Vaterhaus schickte. Er sprach zu ihr: ›Leg deinen Schmuck an, damit er für dich nichts Neues ist, wenn du zurückkehrst.‹ So sprach auch Gott zu Israel: ›Mein Sohn, zeichne dich im Einhalten der Mitzwot aus, damit sie, wenn du zurückkehrst, nichts Neues für dich sind.‹ Wie Jeremia sprach (Jeremia 31,20): ›Stell dir Merksteine auf‹ – diese sind die Gebote, in denen sich Israel auszeichnet; ›setze dir Wegweiser ein‹ – das ist die Zerstörung des Tempels.« (Hans Bietenhard, Der tannaitische Midrash Sifre Deuteronomium, übersetzt und erklärt von Hans Bietenhard, mit einem Beitrag von Henrik L. Jungmann, Bern u. a. 1984, 102.) Diesen Standpunkt hat sich Nachmanides in seinem Torakommentar (Leviticus 18,25) zu eigen gemacht. Allgemein hierzu siehe Aviezer Ravitzky, »Way Marks to Zion«. The History of an Idea, in: Moshe Hallamish/Aviezer Ravitzky (Hgg.), The Land of Israel in Medieval Jewish Thought, Jerusalem 1991, 1–39 (hebr.). Der Textabschnitt »Ganz und gar auf sich gestellt, ohne Pharisäer [...]« ist zitiert nach Ed Parish Sanders, Jewish Law from Jesus to the Mishnah, London, Philadelphia 1990, 298 f. Zu den Speisegesetzen siehe ders., Jewish Law, bes. Kapitel 1 und 3.

Zur erwähnten Spendenpraxis: Gelder, die in der Diaspora gesammelt wurden, nannte man *deme kelila* oder Kollekte der Weisen; siehe hierzu Gedaliah Alon, The Jews in their Land in the Talmudic Age, 70–640 CE, 2 Bde., Jerusalem 1977, hier Bd. 1, 156–159 (hebr.). Er zitiert hier außerdem Quellen aus der Zeit nach der Tempelzerstörung. Siehe auch Ben Zion Rosenfeld, The Crisis of the Patriarchate in Eretz Israel in the Fourth Century, in: Zion 53 (1988), 239–257 (hebr.).

Zu den beiden römischen Gesetzen Nr. 13 und Nr. 30 vgl. Amnon Linder, The Jews in Roman Imperial Legislation, Detroit/Jerusalem 1987 (Zitat aus dem Gesetz Nr. 30 nach Linder, ebd., 216). In dem Gesetz aus dem Jahr 363 u. Z. legte der Kaiser unmissverständlich fest: »Das, was von dir als Steuer der Gesandten bezeichnet wird, ist aufgehoben. Künftig wird niemand mehr in der Lage sein, deinen Geldmitteln durch Einziehen dieser Steuern zu schaden. Du bist nun frei von Sorge [...]« (Linder, ebd., 157 f.) Dass die Nasi-Verwaltung als Institution keine spirituelle und halachische Bedeutung für die Juden der westlichen Diaspora hatte, wird dargelegt von Martin Jacobs, Die Institution des Jüdischen Patriarchen. Eine quellen- und traditionskritische Studie zur Geschichte der Juden in der Spätantike, Tübingen 1995. Vor diesem Hintergrund lässt sich auch die Synagogeninschrift aus Stobi deuten; siehe dazu Jacobs, Die Institution des Jüdischen Patriarchen, 244–247.

Allgemein zur Sprachenfrage im westlichen und östlichen Judentum zur Zeit des Tempels siehe Emanuel Tov, The Text of the Hebrew/Aramaic and Greek Bible Used in the Ancient Synagogue, in: Birger Olsson/Magnus Zetterholm (Hgg.), The Ancient Synagogue from its Origin until 200 C.E., Stockholm 2003, 237–259. Tov behauptet, es gebe in der Literatur zahlreiche Beweise dafür, dass die Heilige Schrift bei religiösen Zusammenkünften der griechischsprachigen Gemeinden der Diaspora vom ersten Jahrhundert an auf Griechisch gelesen wurde. Andererseits gibt es aber auch Forscher, die sicher sind, dass die griechische Übersetzung der Tora und der Psalmen zusammen mit dem hebräischen Original gelesen worden sei. Unseres Erachtens gibt es dafür keine stichhaltigen Beweise. Zu jenen, die der Ansicht sind, die griechischen Juden hätten auch Hebräisch gelesen, gehört Albert I. Baumgarten, Bilingual Jews and the Greek Bible, in: James L. Kugel (Hg.), Shem in the Tents of Japhet. Essays on the Encounter of Judaism and Hellenism, Leiden 2002, 13–20. Der Umstand, dass wir vor dem neunten Jahrhundert u. Z. aus der westlichen Diaspora keine einzige hebräische Handschrift des Alten Testaments haben, dürfte unsere Sichtweise stützen.

Zur Bibelübersetzung des Aquila vgl. den Jerusalemer Talmud *Megilla* 1,8, 71c (Sp. 749): »Der Proselyt ‘Aqilas übersetzte die Tora vor Rabbi Eli’ezer und vor Rabbi Yehoshua’ (ins Griechische), und diese priesen ihn und sagten zu ihm: *Du hast Herrlicheres geleistet als (alle anderen) Menschen.*« (zitiert nach Talmud Yerushalmi Hengel 2/10, 1987, 45). Siehe auch Israel L. Zunz, Ha-Deraschot be-Jisrael we-Hischtalschelutan ha-Historit, Jerusalem 1954, 41 (hebr.); Lieberman, Greek and Hellenism in Jewish Palestine; Emanuel Tov, The Textual Criticism of the Bible. An Introduction, Jerusalem ²1997 (hebr.), sowie ders., The Text-Critical Use of the Septuagint in Biblical Research, Jerusalem ²1997.

Die Frage, ob das rabbinische Recht Spuren in der Septuaginta hinterlassen habe, ist oft aufgeworfen worden. Zweifellos rührt der Widerstreit hierüber in erster Linie daher, dass es sehr wenig Belege für eine solche Einwirkung gibt; siehe etwa Lester L. Grabbe, Aquila's Translation and Rabbinic Exegesis, in: Journal of Jewish Studies 33 (1982), 527–536; Karen H. Jobes/Moisés Silva, Invitation to the Septuagint, Grand Rapids 2001, 294–296. Wenn überhaupt rabbinische Lehre in der Septuaginta zu entdecken ist, dann kann es sich nur um Anfänge in der hellenistischen Periode handeln. Im vorliegenden Buch richten wir unseren Blick jedoch auf das spätere Stadium der rabbinischen Lehre und der Halacha in den ersten Jahrhunderten nach der endgültigen Zerstörung des Tempels. Die Septuaginta ist daher wenig hilfreich, wenn es um die Erforschung der Spaltung zwischen rabbinischer Welt und westlicher Diaspora nach 70 u. Z. geht. Zur Kenntnis des Griechischen bei den Weisen im Land Israel siehe Lieberman, Greek and Hellenism in Jewish Palestine, 1–21. Zu den Synagogeninschriften in der griechischsprachigen Diaspora vgl. Lea Roth-Gerson, Similarities and Differences in Greek Synagogue Inscriptions of Eretz-Israel and the Diaspora, in: Aryeh Kasher/Aharon Oppenheimer/Uriel Rappaport (Hgg.), Synagogues in Antiquity, Jerusalem 1987, 133–146 (hebr.), das Zitat »Es soll seiner zum Guten und zum Segen gedacht werden«: 142.

Die Torastelle mit der Anweisung des Gelehrten Todos, in der Pessachnacht ein Lamm zu sich zu nehmen, wird zitiert nach Tosefta Stuttgart, Seder 2: Moëd. 3: Sukka – Jom tob – Rosch ha-Schana, 1995, 98. – Todos wird in der rabbinischen Literatur kaum erwähnt. Im Babylonischen Talmud wird die Frage gestellt, wer dieser Mann war: »Sie fragten ihn: ›War Todos der Römer ein großer Mann oder war er ein Speichellecker?‹« (Babylonischer Talmud *Pessachim* 53b). Auch der Jerusalemer Talmud fragt: »Was ist Todos?«, wobei gemeint ist: »Wer ist Todos?« In beiden Talmudim lautet die Antwort, dass er Gelehrte unterstützt. Im Jerusalemer Talmud heißt es: »Wer ist Todos? R. Chananja sagte: ›Er ließ Gelehrten finanzielle Unterstützung zukommen.‹« (Jerusalemer Talmud *Pessachim* 7,1, 34a [Sp. 536]) Und im Babylonischen Talmud heißt es: »R. Jose bar Avin sagte: ›Er füllte den Gelehrten die Taschen.‹« (Babylonischer Talmud *Pessachim* 53b und parallele Stellen) Die Behauptung, er habe Gelehrte finanziell unterstützt, wird in beiden Talmudim nicht als eine Aussage von historischem Wert angeführt, sondern eher als eine Deutung seines Namens. Dass aber beide Talmudim Fragen zu seinem Namen stellen, lässt darauf schließen, dass man über sein Leben und Wirken nicht im Bilde war. Dass Todos im Talmud keine Erwähnung findet, kann als Beleg für den fehlenden Kontakt zwischen den Weisen im Land Israel und der jüdischen Gemeinde in Rom gelten. In der Tosefta heißt es, dass die Rabbinen Todos' Brauch entgegentraten, beim Pessachfest ein gebratenes Lamm zu verzehren, weil er »(seine Gemeinde) beinahe veranlasst (habe), Heiliges außerhalb (Jerusalems) zu essen: denn sie nannten (die Lämmer) Pessachopfer« (Tosefta *Jom Tov* 2,15, deutsch zitiert nach Der Tosefta-Traktat Jom Tob. Einleitung, Text, Übersetzung und Erklärung von Michael Kern, Kirchhain N.-L. 1934, 45). Lieberman meint, dass diejenigen, die im Land Israel am Vorabend von Pessach ein Lamm brieten, es nicht Pessachlamm nannten, weil sie zwischen dem Opfer und dem Fleisch als solchem unterschieden: Mit »Pessachlamm« war immer das Opfer gemeint, das zu Pessach im Tempel dargebracht wurde, während man in Rom hier nicht differenzierte und das gebratene Lamm als Pessachlamm bezeichnete. Mit anderen Worten: Die Rabbinen waren erklärte Gegner des Brauches, weil dieses Lamm in Rom als Pessachlamm galt. Dieses Beispiel sagt zwar wenig über einen bestimmten Gelehrten in Rom aus, zeigt uns aber, wie sehr sich die römische Gemeinde den Ansichten der Rabbinen entfremdet hatte. Siehe dazu auch Baruch Boxer, Todos and Rabbinic Authority in Rome, in: Jacob Neusner (Hg.), New Perspectives on Ancient Judaism, Bd. 1, Lanham, Md., u. a. 1987, 117–129.

Ein paralleler Fall liegt mit Mattja ben Heresch vor, der vom Land Israel nach Rom gegangen sein soll, um eine Jeschiva zu gründen. Auch hier ist über seine Aktivitäten in Rom kaum etwas bekannt. Die Legende, die in *Jalkut Schimoni* (Exodus [*wajera*], 182) auftaucht, datiert sicherlich aus vergleichsweise später Zeit und kann somit wohl kaum als historische Quelle für die antike Welt dienen.

Über Abba den Karthager siehe die Erwähnung im Kommentar von Yehuda Felix, Talmud Jeruschalmi Masechet Schevi'it, Bd. 2, Jerusalem 1979/80, 23 (hebr.). Über den Fall von Rabbi Schimon ben Josi ben Lakonia aus Sparta, der in der Talmudliteratur mehrere Male genannt ist, vgl. Ory Amitay, Some Ioudaio-Lakonia Rabbis, in: Scripta Classica Israelica 26 (2007), 131–134. Dass im Talmud Angaben über Gelehrte aus dem Westen gemacht werden, die in der Diaspora geboren wurden, ihr Torastudium aber im Land Israel absolviert haben, könnte darauf hindeuten, dass es gegen Ende des zweiten Jahrhunderts und im dritten Jahrhundert Einwanderung aus der Diaspora ins Land Israel gab. Siehe hierzu Safrai, In Times of Temple and Mishnah 1, 305.

Die Stelle *Sifre Devarim* 344 über die beiden römischen Offiziere, die zu den Juden ausgesandt werden, wird zitiert nach Bietenhard, Der tannaitische Midrasch, 838. Siehe hierzu auch Catherine Hezser, Form, Function, and Historical Significance of the Rabbinic Story in Yerushalmi Neziqin, Tübingen 1993,

15–24. – Man sollte annehmen, dass die Weisen während ihrer politisch notwendigen Aufenthalte in Rom auch die dortige jüdische Gemeinde besuchten. Tatsache ist jedoch, dass in der gesamten Literatur keine einzige halachische Frage belegt ist, die die römische jüdische Gemeinde an die Rabbinen während ihres Aufenthalts in Rom gerichtet hätte. Hingegen wird in der Mischna *Avoda Zara* 4,7 eine Frage zitiert, die die nichtjüdischen Gelehrten in Rom stellten: »Sie fragen die Ältesten in Rom (Erub IV 1): Wenn er (Gott,) am Götzendienst keinen Gefallen hat, warum vernichtet er ihn nicht?« (deutsch zitiert nach Mischna Correns 2005, 579 f.). In parallelen Quellen, nämlich der Tosefta und der Baraita in der Gemara (Tosefta *Avoda Zara* 6,7; Babylonischer Talmud *Avoda Zara* 54b), heißt es: »Die Philosophen fragten die Ältesten in Rom [...]« (deutsch zitiert nach Babylonischer Talmud Goldschmidt 9, 1934, 607). Inhaltlich gesehen ist dies die Frage eines Heiden, der Götzen anbetet, gerichtet an die Weisen des Landes Israel, die den Götzendienst bekämpfen. Nach Tal Ilans Interpretation bezieht sich der Text auf die Ältesten, die in Rom waren, also auf die jüdischen Weisen, die in Rom lebten und arbeiteten (Tal Ilan, Die Juden im antiken Rom und ihr kulturelles Erbe, in: Rainer Kampling (Hg.), »Wie schön sind deine Zelte, Jakob«. Zur jüdisch-europäischen Kultur [im Druck]). Diese These hält einer kritischen Betrachtung nicht stand. Der Begriff »Ältester« erscheint mindestens dreimal in der Mischna und Tosefta im Zusammenhang mit Gelehrten, die zusammen mit Rabban Gamliel auf einem Schiff nach Rom reisten: »Es geschah mit Rabban Gamli'el und den Ältesten, die in einem Schiff reisten.« (Mischna *Ma'aser Scheni* 5,9, deutsch zitiert nach Mischna Correns 2005, 113) »Es geschah mit Rabban Gamli'el und den Ältesten, dass sie mit einem Schiff reisten (Maas sch V 9) und ein Heide hatte ein Fallreep gemacht, um darauf auszusteigen, und Rabban Gamli'el und die Ältesten stiegen darauf (ebenfalls) aus.« (Mischna *Schabbat* 16,8, deutsch zitiert nach ebd., 160) »Es geschah, dass Rabban Gamliel und die Ältesten auf einem Schiff kamen, und die Heiligkeit des Tages stieg auf sie herab. Sie sagten zu Rabban Gamliel [...]« (Tosefta *Schabbat* 13,14). Es gibt in der Mischna eine Parallele zu dem in der Tosefta erwähnten Gesetz, doch in der Mischna werden anstelle des Begriffs »Älteste« die Namen der einzelnen Gelehrten aufgeführt: Rabbi Eleazar ben Azarja, Rabbi Jechoschua und Rabbi Akiba, also die zu jener Zeit bedeutendsten Gelehrten des Landes Israel. Einen ähnlichen Beleg finden wir auch im

Midrasch *Torat Kohanim* 16: »Es geschah, dass Rabban Gamliel und die Ältesten auf einem Schiff kamen, und sie hatten keinen *Lulaw.*« Außerdem findet man in der Mischna einen Hinweis auf den Besuch Rabban Gamliels und der Ältesten in Tiberias im Land Israel. Demgegenüber stoßen wir in der rabbinischen Literatur auf keine Belege für »die Ältesten in Rom« oder wie auch immer geartete Anspielungen auf die Gelehrten in Rom. Aus diesen Quellen scheint klar hervorzugehen, dass die Erzählung in der Mischna *Avoda Zara* bezüglich der von den römischen Gelehrten erbetenen Auskunft, soweit sie eine historische Grundlage hat, auf eine Frage verweist, die den Weisen aus dem Land Israel während ihres Besuchs in Rom gestellt wurde. Zu betonen ist, dass der Ausdruck »Älteste« viele Male in der gesamten rabbinischen Literatur für die Gelehrten des Landes Israel gebraucht wird, etwa im Tempel. (Siehe dazu: *Joma* 1,3; *Sukka* 2,1; *Sukka* 4,4; *Ta'anit* 3,6 usw.) Dass dieser Ausdruck bei Pseudo-Philo auftaucht, scheint uns jedenfalls für die geografische Lokalisierung dieser Weisen ohne Belang.

Die Textstelle Tosefta *Pea* 4,6 (»[Es gibt] zwei Arten der Vermutung für die Priesterschaft [...]«) wird zitiert nach Tosefta Stuttgart, Seder 1: Zeraim. 1,1: Berakot – Pea, 1999, 147; parallele Quellen sind überliefert in Tosefta *Ketubbot* 3,1 und im Babylonischen Talmud *Ketubbot* 25a. Für eine Beschreibung der Feuerzeichen und Gesandten siehe auch die Mischna *Rosch ha-Schana* 2,2–4, aus der klar hervorgeht, dass sich die Feuerzeichen nur an die östliche Diaspora richteten. Siehe auch Lieberman, Tosefta ki-Fschuta, Rosch ha-Schana, 1028–1030. Lieberman zitiert hier RABaD (Rabbi Avraham ben David, gest. 1198), der der Ansicht war, die Feuerzeichen seien nur nach Osten gerichtet gewesen, die Boten seien jedoch in die gesamte Diaspora ausgeschwärmt. Lieberman weist indes RABaDs Behauptung zurück und argumentiert, die Anordnung der Feuer lasse den Schluss zu, dass sie offenbar nach Norden und nach Osten gerichtet waren. »Und es ist auch schwer zu verstehen, weshalb man die übrige Diaspora benachteiligte.« Siehe auch Joseph Tabory, Jewish Festivals in the Time of the Mishnah and Talmud, Jerusalem 1995, 30–34 (hebr.); das Buch enthält eine Karte der Feuer (dort 31). Siehe weiterhin Alon, The Jews in their Land in the Talmudic Age 1, 149–156. Über die Bedeutung des Nachrichtenaustauschs bei der Heiligung des Neumonds vgl. Safrai, In Times of Temple and Mishnah 1, 298: »Die Gesandten waren oft Toragelehrte und sie schufen eine feste Bindung, einen regelmäßigen Kontakt und eine periodische Kontrolle [...]«

Der aramäische Brief, den die Weisen aus Jerusalem an die Diaspora schickten, wird zitiert nach Tosefta Stuttgart, Seder 4: Nezikin 3: Sanhedrin – Makkot, 1976, 26 f. Siehe auch Samuel Klein, Eretz Jehuda, Tel Aviv 1939, 210 ff. (hebr.). Im Jerusalemer Talmud *Ma'aser Scheni* 5,8, 56c (Sp. 308) folgt auf die »Diaspora in Medien« noch die »Diaspora in Griechenland«. Dieser Wortlaut scheint jedoch weniger Authentizität beanspruchen zu können als der der Tosefta. – Die anschließende Belegstelle zur Reise des Rabbi Me'ir nach Asien und der Interkalation des Jahres wird zitiert nach Tosefta Stuttgart, Seder 2: Moëd. 4: Taanijjot – Megilla, 1995, 83. Zur Möglichkeit, dass Juden der westlichen Diaspora den rabbinischen Kalender nicht kannten, vgl. Abraham Wasserstein, Calendaric Implications of a Fourth-Century Jewish Inscription from Sicily, in: Scripta Classica Israelica 11 (1991/92), 162–165. Nach Gedaliah Alon handelt es sich beim Begriff »Asien« um Etzion Gever (vgl. Alon, The Jews in their Land 1, 144–146), eine Deutung, die zum Beispiel auch von Oppenheimer befürwortet wird; vgl. Aharon Oppenheimer, »Love of Mordechai or Hatred of Haman«? Purim in the Days of the Second Temple and Afterwards, in: Zion 62 (1997), 411–413 (hebr.). Bezalel Bar-Kochva behauptet, dass sich der Begriff »Asien« – im Gegensatz zu anderen Textstellen – hier auf Kleinasien beziehen dürfte. Da in anderen Fällen, wo der Begriff Asien vorkommt, nicht Kleinasien gemeint ist, hegen wir Zweifel an Bar-Kochvas Hypothese zu dieser speziellen Belegstelle. Bar-Kochva selbst vertritt die Meinung, dass andere Stellen, die Asien erwähnen, sich auf einen Ort im Land Israel beziehen. Doch selbst wenn wir Bar-Kochvas Auffassung zustimmen, muss man festhalten, dass dies im gesamten Korpus der rabbinischen Literatur der einzige Bericht eines einzelnen Rabbiners ist, der einen bestimmten Ort im Westen besuchte, um den Monat zu interkalieren. Wenn wir die Lesart unserer Baraita akzeptieren, in der das Wort »hebräisch« vorkommt, so spricht dies für unsere Argumentation: An einem Ort in der westlichen Diaspora gibt es keinen hebräischen Text. Vgl. Bezalel Bar-Kochva, On the Festival of Purim and Some of the Succot Practices in the Period of the Second Temple and afterwards, in: Zion 62 (1997), 395–402 (hebr.).

Zu der Behauptung, dass die Juden in der Diaspora Abgaben ins Land Israel schickten, vgl. Safrai, In Times of Temple and Mishnah 2, 632. Die Textstelle Mischna *Jadajim* 4,3 zur Abgabe des Zehnten außerhalb der Landesgrenzen im Schabbatjahr wird zitiert nach Mischna Correns 2005, 974 f. Safrai leitet aus der

Mischna ein historisches Faktum her: Er sieht in ihr einen zuverlässigen Beweis dafür, dass in Ägypten die Zehnten eingesammelt und an den Tempel in Jerusalem geschickt wurden. Sanders (Jewish Law, 301) bezieht dagegen Stellung und weist im Einzelnen nach, dass diese These nicht fundiert ist. Vielleicht, so räumt Sanders ein, überwiesen die Juden im Schabbatjahr mehr Spenden ins Land Israel, um den Bauern zu helfen, die das Land nicht bestellen durften. Doch sei es nur allzu wahrscheinlich, dass diese Mischna lediglich auf romantische Weise das Verhältnis zur Diaspora beschreibt. Seine Stellungnahme bestärkt uns in der Ansicht, dass sogar in diesem »romantischen« Bild die westliche Diaspora nicht als eine potentielle Quelle zur finanziellen Unterstützung der Gemeinde im Land Israel erscheint.

Die Belegstelle Mischna *Ta'anit* 1,3 zu den öffentlichen Gebeten um Regen, die im Land Israel zu Beginn des Winters gesprochen wurden, wird zitiert nach Mischna Correns 2005, 262. – Shmuel Safrai geht in seiner erstmalig 1982 erschienen Studie »Das Land Israel und die jüdische Diaspora« (1994 erneut publiziert in Safrai, In Times of Temple and Mishnah 1) von einer Gleichstellung von östlicher und westlicher jüdischer Diaspora aus. Es scheint indes, dass er später seine Position in dieser Frage etwas zurücknahm. In einem Aufsatz von 1996 heißt es bei ihm: »Während der Tempelzeit bis zum jüdischen Aufstand unter Trajan 115–117 u. Z. war die wichtigste Verbindung die mit der hellenistischen Diaspora, danach hingegen stand der Kontakt zur östlichen Diaspora, zur jüdischen Gemeinde von Babylonien, im Vordergrund.« Vgl. Shmuel Safrai, Contacts between the Leadership of the Land of Israel and the Hellenistic and Eastern Diasporas in the First and Second Centuries, in: Te'uda 12 (1996), 23–38, bes. 26 (hebr.).

Belege, dass Rabban Gamliel von Javne zu anderen Gemeinden reiste, um Fragen des jüdischen Rechts zu beantworten, werden diskutiert bei Alon, The Jews in their Land in the Talmudic Age 1, 146 f.; Hugo D. Mantel, Studies in the History of the Sanhedrin (Mechkarim be-Toldot ha-Sanhedrin), Tel Aviv 1969, 214; allgemein Safrai, In Times of Temple and Mishnah 1, 294–310. Zu Rabban Gamliels Rundreisen im Land Israel vgl. Aharon Oppenheimer, Rabban Gamliel of Yavneh and his Circuits of Eretz Israel, in: ders., Between Rome and Babylon. Studies in Jewish Leadership and Society, Tübingen 2005, 145–155. Die Textstelle Tosefta *Terumot* 2,13 (»[Dazu] sagte R. Jehuda: Ein Geschehnis mit Sgabjon […]«) wird zitiert nach Tosefta Stuttgart, Seder 1: Zeraim. 1,2: Terumot – Orla, 1997, 35.

Der Überlieferung nach bewohnten die Einwanderer aus Babylonien ein Gebiet, das fast bis Achziv reichte und somit außerhalb des Landes Israel, im angrenzenden Norden lag. Siehe Mischna *Schevi'it* 6,1; *Demai* 1,3. Die folgende Textstelle Tosefta *Gittin* 1,4 wird zitiert nach Reinhard Neudecker, Frührabbinisches Ehescheidungsrecht. Der Tosefta-Traktat Gittin, Rom 1982, 25 f. Zu den Quellen, die überliefern, dass sich Rabban Gamliel in Tiberias und Lod aufgehalten hat, vgl. Rabban Gamliel of Yavneh and his Circuits of Eretz Israel, 145–155. Aus ihnen geht jedoch nicht hervor, dass Rabban Gamliel das Meer überquerte. Zur Auffassung, an Rabban Gamliel seien halachische Anfragen von der anderen Seite des Mittelmeers gerichtet worden, vgl. Mantel, Studies in the History of the Sanhedrin, 215. Zum Begriff »Überseeland« im Babylonischen Talmud vgl. David Goodblatt, Medinat ha-Jam – The Coastal District, in: Tarbiz 64 (1994/95), 13–37 (hebr.). Goodblatt ist der Auffassung, dass mit der Wendung *medinat ha-jam* die Küste des Landes Israel gemeint sei. Wenn das stimmt, hat dieser Bericht überhaupt nichts mit der griechischen Diaspora zu tun. Die Textstelle Babylonischer Talmud *Gittin* 34b (»R. Jehuda sagte im Namen Šemuéls […]«) wird zitiert nach Babylonischer Talmud Goldschmidt 6, 1932, 286.

Zur Behauptung, dass in der Zeit, als der Sanhedrin in Javne untergebracht war, halachische Anfragen aus der Diaspora dorthin geschickt wurden, vgl. Mantel, Studies in the History of the Sanhedrin, 214 f. und Anm. 101; sowie Safrai, In Times of Temple and Mishnah 1, 298. – Die beiden Textstellen Tosefta *Para* 7,4 und Tosefta *Mikwa'ot* 4,6 (»Wegen dieser Halaka […]« und »Ein Wasserturm […]«) werden zitiert nach Tosefta Stuttgart, Seder 6: Toharot. 2: Para – Mikwaot, 1965, 82 f. und 329. Bei der Übersetzung von Tosefta *Mikwa'ot* 4,6 irrte der Übersetzer mit seiner Übertragung »Söhne des Asiro« – in allen drei Zitaten lautet die hebräische Wendung *bene Asia*, »Söhne Asiens«. – Das Tosefta-Zitat geht folgendermaßen weiter: »R. El'azar b. R. Jose sagte: Diese Halaḵa habe ich in Rom (mit der Entscheidung) für Reinheit gelehrt, und als ich zu meinen Gefährten kam, sagten sie zu mir: Du hast richtig gelehrt.« (Zitiert nach ebd., 330) Rabbi Eleazar unternahm seine Reise offenbar hauptsächlich aus politischen Gründen (siehe Babylonischer Talmud *Me'ila* 17a–b). Welche Relevanz diese Frage in Rom hatte, muss noch geklärt werden – uns ist nicht bekannt, dass es in der Diaspora reine Tauchbäder gegeben hätte.

Zur Diskussion um den Ort Etzion Gever als Interpretation des Begriffs »Asien« siehe unsere Ausführungen weiter oben. Es sei noch darauf hingewiesen, dass Bar-Kochva zufolge hier ein Ort im Land Israel mit dem hebräischen Namen *Asia* gemeint ist.

Zu dem bekanntesten Argument, das besagt, dass die Weisen vom Land Israel aus die gesamte Diaspora bereisten, um die Halacha zu lehren, vgl. Alon, The Jews in their Land in the Talmudic Age 1, 147–149; Mantel, Studies in the History of the Sanhedrin, 217–222. Die Textstelle Babylonischer Talmud *Ketubbot* 112a (»Einst traf R. Jehosuá b. Levi [...]«) wird zitiert nach Babylonischer Talmud Goldschmidt 5, 1931, 364.

Der Auszug aus dem Babylonischer Talmud (*Jebamot* 46a) wird zitiert nach Babylonischer Talmud Goldschmidt 4, 1931, 468 f.; siehe auch eine parallele Belegstelle im Babylonischen Talmud *Avoda Zara* 59a. Das Gesetz ist hier jedoch ein ganz anderes.

Viele Quellen bezeugen, dass Weise aus dem Land Israel in die benachbarten Regionen reisten, mit den Gemeinden jenseits des Mittelmeers jedoch kaum Kontakt hielten. In diesem Zusammenhang ist es wichtig, zwischen Ägypten und der übrigen griechischen Diaspora zu unterscheiden. Zweifellos gab es während der Zeit des Tempels eine lang andauernde, enge Verbindung zwischen der griechischsprachigen jüdischen Gemeinde in Ägypten und dem Zentrum im Land Israel. Um einige Beispiele zu geben: Das zweite Buch der Makkabäer beginnt mit einem Brief der Juden von Jerusalem und Judäa an die Juden von Ägypten (vgl. Daniel R. Schwartz, The Second Book of Maccabees. Hebrew Translation and Commentary, Jerusalem 2004, 73–93 [hebr.]); in der Zeit des Herodes finden wir Hohepriester, die aus Alexandria kamen (vgl. Mendels, The Rise and Fall of Jewish Nationalism, Kapitel 10); im Tosefta-Traktat *Megilla* 2,17 (Lieberman, Tosefta ki-Fschuta, Megilla, 352) wird eine Synagoge von Alexandrinern in Jerusalem erwähnt; und im Babylonischen Talmud, im Traktat *Nidda* 69b, werden Fragen erörtert, die die Juden von Alexandria Rabbi Jehoschua ben Chananja gestellt hatten. Beim letzten Beispiel datieren die Fragen möglicherweise noch aus der Zeit des Tempels, als Rabbi Jehoschua ein anerkannter Gelehrter war (vgl. Tosefta *Edujot* 3,3). Das alles änderte sich jedoch nach der Zerstörung des Tempels.

Die enge Beziehung zwischen den Gemeinden in Ägypten und dem Land Israel resultierte zum einen aus der geografischen Nachbarschaft und dem Vorhandensein einer Landverbindung, zum anderen daraus, dass Alexandria eine sehr alte Gemeinde war, deren Kontakt zum Land Israel eine lange Tradition hatte (siehe die Karte S. 104/105, die die Kluft zwischen den Gemeinden veranschaulicht). Auch der Umstand, dass die Juden in Ägypten griechisch sprachen, änderte nichts an diesem engen Verhältnis. Ungeachtet der anzunehmenden Kontinuität jüdischen Lebens in Ägypten von der römischen Periode bis zum Mittelalter gibt es jedoch keinen nachweislichen Beitrag dieser jüdischen Diaspora zur rabbinischen Literatur. Dies widerspricht jedoch nicht der Möglichkeit eines zeitweiligen kulturellen Austauschs.

Zu Rabbi Tanchum bar Papa siehe Jerusalemer Talmud *Kidduschin* 64,4 (Sp. 1177); zu Rabbi Zakkai siehe Jerusalemer Talmud *Jebamot* 8,2 (Sp. 863) und *Avoda Zara* 42,1 (Sp. 1392). Ein berühmter und bedeutender, in Ägypten geborener Tanna war Rabbi Jochanan ha-Sandlar; er lebte und wirkte im Land Israel und war ein Schüler Rabbi Akibas. Auch Rabbi Chanan ha-Mitzri (der Ägypter) verbrachte sein Leben im Land Israel. Wir wissen, dass er gebürtig aus Alexandria war; ansonsten haben wir kaum Informationen zu ihm. Von größter Bedeutung für unsere Sache ist der Fall des Rabbi Abbahu, von dem der Jerusalemer Talmud *Eruvin* 21,3 (Sp. 470) berichtet. Rabbi Abbahu war ein Rabbi der dritten Generation der Amoraim. Er lebte und wirkte in Caesarea, einer griechischsprachigen Stadt im Land Israel, und sprach neben Hebräisch und Aramäisch vermutlich auch Griechisch. Der Talmud erzählt, dass er zu Sukkot nach Alexandria reiste und die dort lebenden Juden zu überzeugen versuchte, die lokalen jüdischen Bräuche aufzugeben und die des Landes Israel zu adaptieren. Ein anderer Rabbi aus dem Land Israel griff ihn deswegen an und meinte, die Juden in Alexandria sollten seinen Anweisungen nicht folgen, denn sein Besuch dort sei eine einmalige Sache; im Folgejahr könne er seine Unterweisung nicht fortsetzen. Wir können also davon ausgehen, dass griechisch sprechende Rabbinen in unregelmäßiger Folge Alexandria besuchten und die Juden dort viel mehr von der rabbinischen Lehre wussten als die Juden der restlichen Diaspora im Westen. Die Verbindungen waren jedoch sporadischer Natur und nicht sehr intensiv.

Menachem Stern zitiert den Philosophen Damaskios (6. Jahrhundert): Er berichtet von einem aufsässigen Juden in Alexandria, der am Schabbat einen weißen Esel ritt (Menachem Stern, Greek and Latin Authors on Jews and Judaism, 2 Bde., Jerusalem 1976–1980, hier Bd. 2, 1980, 678). Ein daran anklingendes Motiv gibt es im Talmud (Jerusalemer Talmud *Chagiga* 2,1, 77b [Sp. 783 f.]). Die Annahme liegt nahe, dass sich dieses Motiv aus jüdischen Quellen herleitet. Sporadisches Eindringen von rabbinischer Lehre und rabbinischen Motiven in die Kreise ägyptischer Juden ist nichts Ungewöhnliches und bedeutet noch keine systematische und pauschale Kenntnis der essentiellen Literatur.

Die drei Textstellen Tosefta *Jebamot* 14,5, Babylonischer Talmud *Rosch ha-Schana* 26a und Babylonischer Talmud *Jebamot* 98a, die eine Verbindung der Weisen der Generation von Javne und der Folgegeneration mit der westlichen Diaspora nahelegen, werden zitiert nach Tosefta Stuttgart, Seder 3. 1. Jebamot – Nedarim, 1933, 126 f.; Babylonischer Talmud Goldschmidt 3, 1930, 599 f.; ebd., 663. Zur historischen Verlässlichkeit dieser Belege siehe allgemein Shmuel Safrai, Links between Eretz Israel and the Diaspora in the Roman and Byzantine Period, in: Isaiah M. Gafni (Hg.), Kehal Yisrael. Jewish Self Rule through the Ages, Bd. 1, Jerusalem 2001, 199–229, bes. 216, Anm. 91 (hebr.); Alon, The Jews in their Land in the Talmudic Age 2, 352–354. Zur Problematik der Konversion in jener Zeit vgl. Ephraim E. Urbach, The Sages. Their Concepts and Beliefs, Jerusalem 1978, Kapitel 15. Zum Bericht in der Tosefta über Rabbi Natan und seinen Erlass zur Beschneidung – es handelt sich um Tosefta *Schabbat* 15,8 und parallele Stellen – vgl. Lieberman, Tosefta ki-Fschuta, Schabbat, 70 f. Zu den Treffen der Rabbinen mit der jüdischen Gemeinde in Rom siehe unsere Ausführungen weiter oben zum frührabbinischen Einfluss auf die römischen Juden. Siehe dazu auch Safrai, In Times of Temple and Mishnah 2, 365–381. Safrai befasst sich mit den Romreisen der Weisen von Javne, doch zweifellos reisten die Rabbinen auch in späteren Zeiten mit politischen Zielsetzungen nach Rom. Siehe etwa Babylonischer Talmud *Me'ila* 17b. Es muss darauf hingewiesen werden, dass einige Quellen Rom nennen, in Wirklichkeit aber das in Galiläa liegende Kfar Roma meinen, das auch bei Josephus' Flavius *De Bello Judaico III*, 233, erwähnt wird. Siehe den Kommentar von Yehuda Felix, Talmud Jeruschalmi Masechet Schevi'it, Bd. 1, Jerusalem 1979/80, 233 (hebr.); Lieberman, Tosefta ki-Fschuta, Eruvin, 360, Anm. 80.

Die Überlegung, dass Gesandte zu den westlichen Gemeinden geschickt wurden, um Gelder zu beschaffen, basiert auf Überlieferungen wie der folgenden aus dem Jerusalemer Talmud: »Es geschah bei Rabbi Eli'ezer, Rabbi Yehoshua' und Rabbi 'Aqiva, dass sie in der Gegend von Antiochia (in Syrien) hinaufstiegen, um eine Sammlung (zur Unterstützung) der Weisen zu veranstalten.« (Jerusalemer Talmud *Horajot* 3,6, 48a [Sp. 1427]); zitiert nach Talmud Yerushalmi Hengel 4/8, 1984 (99 f.). Diese Belegstelle bezieht sich jedoch auf Syrien und nicht auf die griechische Diaspora jenseits des Mittelmeers. In diesem Zusammenhang ist auch noch einmal auf die weiter oben zitierten römischen Gesetze hinzuweisen.

Zu den jüdischen Grabsteinen in Südeuropa, die die Existenz jüdischer Gemeinden belegen, siehe vor allem David Noy, Jewish Inscriptions of Western Europe, Bd. 1: Italy (excluding the City of Rome), Spain and Gaul, Cambridge u. a. 1993; Erwin Ramsdell Goodenough, Jewish Symbols in the Greco-Roman Period, Bd. 12: Summary and Conclusions, New York 1965. Zu den Grabinschriften in anspruchsvollerem Hebräisch vgl. Noy, Jewish Inscriptions, 151, 154–160, 169, 207; zu den Inschriften mit hebräischen Bibelzitaten und griechischer und lateinischer Übersetzung vgl. ebd., 143–160. Nur sechs von sechshundert in Rom gefundenen Grabsteinen aus den ersten Jahrhunderten u. Z. haben hebräische und aramäische Inschriften (Hartmut Wolff, Die Juden im antiken Rom, in: Klaus Rother [Hg.], Minderheiten im Mittelmeerraum. Eine Vortragsreihe im Sommersemester 1988, Passau 1989, 46); alle anderen Inschriften sind auf Griechisch oder Lateinisch – auch dies ein Umstand, der unseres Erachtens für sich spricht. Zur langsamen Entwicklung der Hebräischkenntnisse der Juden in Südeuropa vgl. Shlomo Simonsohn, The Hebrew Revival among Early Medieval European Jews, in: American Academy for Jewish Research 2 (Festschrift Salo Baron), Jerusalem 1974, 831–858; siehe außerdem Noy, Jewish Inscriptions, 193, 247 (Tortosa, 5.–6. Jahrhundert; Tarent, 7.–8. Jahrhundert). Zur Sprachenfrage auch folgende Überlieferung aus den merowingischen und karolingischen Kapitularien: Im karolingischen Recht des neunten Jahrhunderts wird über einen Juden, der schwört, gesagt: »Er muss in seiner rechten Hand die fünf Bücher Mose haben, so schreibt es sein Gesetz vor, und wenn er sie nicht auf Hebräisch haben konnte, soll er sie auf Lateinisch haben.« (Zitiert nach Amnon Linder, The Jews in the Legal Sources of the Early Middle Ages, Detroit/Jerusalem 1997, 346.) Gregor von Tours berichtet in seinen *Zehn Bücher Geschichten*, Buch 8, Kapitel 1, von einem Ereignis im Jahr 585 u. Z., bei dem es heißt, dass die Juden Loblieder in ihrer eigenen Sprache sangen (Gregor von Tours, Zehn Bücher Geschichten, Bd. 2, aufgrund der

Übersetzung Wilhelm Giesebrechts neubearbeitet von Rudolf Buchner, Darmstadt 1974, 161). Anlässlich des Begräbnisses des Hilarius von Arles (449 u. Z.) heißt es: »Hebraeam concinentium linguam in exsequiis honorandis audisse me recolo« (»Ich erinnere mich, dass zu Ehren des Leichenzugs hebräischer Chorgesang erklang«; Patrologia Latina, Bd. 50, 1242 f.); doch diese Bemerkung mag eine spätere Hinzufügung sein. – Für Westeuropa im neunten und zehnten Jahrhundert haben wir Belege für das Erscheinen einer anspruchsvolleren hebräischen Literatur wie zum Beispiel bei Josippon, verschiedenen Midraschim (siehe hierzu Amos Geula, Lost Aggadic Works Known only from Ashkenaz, Diss. Jerusalem 2006 [hebr.]), Achima'az und anderen. – Für die Inschriften in den ersten Jahrhunderten u. Z. auf griechischer Seite siehe auch Inscriptiones Judaicae Orientis, 3 Bde., 1: Eastern Europe, hg. von David Noy, Alexander Panayotov und Hanswulf Bloedhorn, 2: Kleinasien, hg. von Walter Ameling, 3: Syria and Cyprus, hg. von David Noy und Hanswulf Bloedhorn, Tübingen 2004. Für Zeugnisse aus dem gesamten griechischsprachigen Mittelmeerraum – Ägypten, die Kyrenaika und das westliche Nordafrika, Karthago, Kleinasien und weitere Regionen –, die belegen, dass die dort lebenden Juden nichtrabbinisch waren, siehe auch The Cambridge History of Judaism 4, 53–82. Im vierten und fünften Jahrhundert drangen Hebräisch und Aramäisch nach Ägypten vor, vermutlich vermittelt durch die Ströme von Immigranten, die damals das Land Israel verließen und sich in Ägypten und der Kyrenaika ansiedelten.

Zu den Überresten von Synagogen im byzantinischen Europa vgl. Lee I. Levine, The Ancient Synagogue. The First Thousand Years, New Haven 2000, 232–237. Die Auffassung von Erwin Ramsdell Goodenough, dass die Kunst hier auf ein nichtrabbinisches Judentum verweist, ist oft übernommen worden. Goodenough schrieb in seiner monumentalen Arbeit: »Doch es erscheint mir überaus einleuchtend, dass die realen Kunsterzeugnisse in Rom und Dura ein verlässlicheres Zeugnis jüdischen Denkens in Rom und Dura abgeben als die Mischna und die frühen Midraschim der Rabbinen in Palästina.« (Nach Goodenough, Jewish Symbols in the Greco-Roman Period, 185.) Forscher haben darauf hingewiesen, dass Abbildungen des vierten und fünften Jahrhunderts u. Z. aus Italien, in denen die Mosaischen Gesetzestafeln durch eine Rolle ersetzt wurden, von einer Auslegung des Midrasch zum Hohelied 5,14 beeinflusst sind (Midrasch *Schir ha-Schirim Rabba* 5,14). Galit Noga-Banai hat jedoch überzeugend nachgewiesen, dass kein midraschischer Einfluss herangezogen werden muss, um diesen ikonografischen Merkmalswandel zu erklären; siehe dazu Galit Noga-Banai, The Trophies of the Martyrs. An Art Historical Study of Early Christian Silver Reliquaries, Oxford 2008, 21–24. Wir sollten auch erwähnen, dass Bezalel Narkiss behauptet hat, »das Motiv der Errettung vor dem Pharao war Juden wie Christen seit dem vierten Jahrhundert u. Z. bekannt. Die *Mechilta de-Rabbi Jischmael* zu Exodus 14.28 überliefert eine Kurzfassung dieser Geschichte. Es überrascht daher nicht, dass diese Einzelheit ihren künstlerischen Ausdruck auf den Wandmosaiken der Kirche Santa Maria Maggiore in Rom fand, ca. 432–440.« Narkiss gibt selber zu, dass ein zufriedenstellender Nachweis für eine direkte Verbindung zwischen jüdischem Midrasch und dem pharaonischen Mosaik in Santa Maria Maggiore nicht erbracht werden könne (Bezalel Narkiss, Pharaoh is Dead and Living at the Gates of Hell, in: Journal of Jewish Art 10 [1984], 6–13). Wir möchten hinzufügen, dass es sich bei dem erwähnten Motiv um eine aggadische Version gehandelt haben mag, die in christlichen Kreisen zirkulierte. Christen wie Juden hätten mit dem Motiv der geretteten und reuigen heidnischen Könige spielen können, wobei sie sich auf bekannte Muster aus der griechischen (und lateinischen) Bibel bezogen (Nebukadnezar in Dan 4, Antiochus IV. in 2 Makk 9, Ptolemäus in 3 Makk usw.). Aber selbst wenn in den ersten nachchristlichen Jahrhunderten in der jüdischen westlichen Diaspora hier und da ein jüdisches midraschisches Motiv entdeckt werden kann, so steht doch fest, dass Halacha wie Aggada als abgeschlossene Corpora erst spät in die jüdische Lebenswelt in Westeuropa eindrangen, nämlich im achten und neunten Jahrhundert.

Ein besonderes Beispiel für die Menora wird vorgestellt von Noga-Banai, Between the Menorot. New Light of a Fourth-Century Jewish Representative Composition, in: Viator 39 (2008), H. 2, 21–48. Wir möchten hinzufügen, dass wir auch nicht unbedingt mit Goodenough übereinstimmen, was die Wurzeln betrifft, denen die Kunst entspross – also die hellenistische Literatur und vor allem die Werke Philos von Alexandria (siehe zu diesem Punkt Goodenough, Jewish Symbols in the Greco-Roman Period, 3–21). Einen aktuellen Forschungsstand hierzu liefert Steven Fine, Art and Judaism in the Greco-Roman World. Toward a New Jewish Archeology, Cambridge 2005.

Zu den Pessachfeierlichkeiten in Jerusalem vgl. Shmuel Safrai, Pilgrimage at the Time of the Second Temple, Tel Aviv 1965 (hebr.); Joachim Jeremias, Jerusalem in the Times of Jesus, London 1969. Zu Philos Beschreibung des Festmahls am Pessachabend in seinem Werk *Über die Einzelgesetze* 2,148, vgl. Philo von Alexandria. Die Werke in deutscher Übersetzung, hg. von Leopold Cohn u. a., Bd. 2, Berlin [2]1962, 148. Der griechische Originaltext verweist auf »Gebete und Hymnen« (*euchon te kai hymnon*). Allgemein hierzu siehe Tabory, Jewish Festivals in the Time of the Mishnah and Talmud, 84–95. Zum Gebot des *sippur jetziat mitzrajim*, das zur Zeit des Tempels noch nicht existierte, vgl. Shmuel Safrai/Ze'ev Safrai, Haggadah of the Sages, Jerusalem 1998, 13–18 (hebr.); siehe allgemein auch Joseph Tabory, The Passover Ritual throughout the Generations, Tel Aviv 1996, bes. 350 (hebr.). Über die mittelalterlichen Haggadot, die man in der Kairoer Geniza fand und die in Judäo-Griechisch abgefasst sind, vgl. Nicholas de Lange, Greek Jewish Texts from the Cairo Genizah, Tübingen 1996.

Zum Schlachten und Essen des Pessachopfers in Jerusalem vgl. Mischna *Zevachim* 5,8; siehe auch Safrai, Haggadah of the Sages, 14, Anm. 14; *Buch der Jubiläen* 49,16–20; *Tempelrolle* 17,9. Die Textstelle *Avot de-Rabbi Natan*, Version A, 35 (Solomon Schechter), 52a, ist zitiert nach Rabbi Nathans System der Ethik und Moral. Zum erstenmale übersetzt und mit Anm. versehen von Kaim Pollak, Budapest 1905, 120. Auch bei Philo kommt dies zum Ausdruck (*Über die Einzelgesetze* 2,148). Ebenso heißt es in einem Gespräch zwischen Jesus und seinen Jüngern: »Am ersten Tage der ungesäuerten Brote traten die Jünger an Jesus heran und sagten: ›Wo willst du, dass wir das Paschamahl bereiten?‹ Da sprach er: ›Geht in die Stadt zu dem und dem und sagt zu ihm: Der Meister lässt sagen: Meine Zeit ist nahe. Bei dir will ich mit meinen Jüngern das Paschamahl halten.‹ Und die Jünger taten, wie Jesus ihnen aufgetragen hatte, und bereiteten das Paschamahl.« Die Haggada und das Gebot des *sippur jetziat mitzrajim* werden dagegen nicht erwähnt (Mt 26,17–19, sowie 30, zitiert nach Die Bibel. Die Heilige Schrift des Alten und Neuen Bundes, deutsche Ausgabe mit den Erläuterungen der Jerusalemer Bibel hg. von Diego Arenhoevel, Alfons Deissler und Anton Vögtle, Leipzig o. J., 1411 f.).

Es ist interessant, dass auf den Abendmahldarstellungen des 14. und 15. Jahrhunderts niemals eine Haggada zu sehen ist. Zweifellos war den Malern bewusst, dass ihre jüdischen Nachbarn an diesem Abend einen besonderen Text vorzutragen hatten, und doch ließen sie ihn in ihren Gemälden weg. Eine mögliche Erklärung dafür ist, dass die Künstler eine klare

Unterscheidung treffen wollten zwischen dem christlich-jüdischen Erbe und dem rabbinischen Judentum, das sie in ihrer Umgebung beobachteten. – Die Textstelle »Sie sind ja nicht zusammengekommen [...]« aus Philos *Über die Einzelgesetze* 2,148 wird zitiert nach Philo von Alexandria, Die Werke in deutscher Übersetzung, 148. Dass Opferspeisen unter Lobgesängen verzehrt wurden, ist auch aus tannaitischen Quellen belegt; siehe etwa Mischna *Pessachim* 10,6–7; Tosefta *Sukka* 3,2; Tosefta *Pessachim* 3,11. Zum zahlenmäßigen Verhältnis von Pilgern, im Land Israel lebenden Juden und Diasporajuden vgl. Safrai, Pilgrimage at the Time of the Second Temple, 71–74.

Zur Diskussion der These Finkelsteins, dass die Haggada bereits zur Zeit der Makkabäer vorgelegen habe, siehe E. Daniel Goldschmidt, The Passover Haggadah. Its Sources and History, Jerusalem 1960, 30 (hebr.). Interessant ist, dass in einigen Talmudmanuskripten und bei einigen Rischonim (Talmudgelehrte des Mittelalters) das zehnte Kapitel des *Pessachim*-Traktats, auf dem die Haggada aufbaut und das ihre Grundstruktur liefert, mit den ersten vier Kapiteln des Traktats zu einem gesonderten Traktat verknüpft wird, dem *Pessach Rischon* (Das erste Pessach). Die Kapitel 5–9, die die Darbringung des Pessachopfers behandeln, bilden den Traktat *Pessach Scheni* (Das zweite Pessach). Siehe Albeck, Haschlamot le-Perusch ha-Mischna, Seder Mo'ed, 140, Anm. 9; Saul Lieberman, Tosefta ki-Fschuta. A Comprehensive Commentary on the Tosefta, 8 Bde. und Ergänzungsband zu Mo'ed, New York 1955–1973, Pessachim, 647 (hebr.); Safrai, Haggadah of the Sages, 19–32. Die Stelle »Ein umherirrender Aramäer war mein Vater« wird zitiert nach Mischna Correns 2005, 205.

Zur Bedeutung des Tempels als Zentrum für die gesamte Nation vgl. Mendels, The Rise and Fall of Jewish Nationalism, Kapitel 5 und 10. Zur Praxis des festen Gebetsgottesdienstes siehe vor allem Joseph Heinemann, Prayer in the Period of the Tanna'im and the Amora'im. Its Nature and its Patterns, Jerusalem 1966, 17–28 (hebr.); siehe auch Moshe Greenberg, Art. »Tefilla«, in: Encyclopaedia Biblica 8, Sp. 896–922 (hebr.). In einigen Aspekten werden die festen Zeiten und bestimmte festgelegte Gebete bereits im frühen Judentum vorweggenommen (Dan 6,10; in den Schriftrollen von Qumran [4Q503, hg. von James J. Charlesworth 4 A, 235–286]). Zum Gebet in den Schriftrollen von Qumran allgemein vgl. Bilha Nitzan, Qumran Prayer and Religious Poetry, Leiden 1994. Diese Fakten rufen uns noch nachdrücklicher ins Bewusstsein, dass es ein institutionalisiertes Gebet im westlichen Judentum, wo sich nicht einmal Anzeichen für den Beginn einer solchen Entwicklung ausmachen lassen, nicht gab. Zu den Anfängen des festen Gebets siehe Ezra Fleischer, On the Beginnings of Obligatory Jewish Prayer, in: Tarbiz 59 (1989/90), 397–441, bes. 402–411 (hebr.). Zur Funktion der alten Synagogen als Stätten des Studiums der Heiligen Schriften vgl. Lee I. Levine (Hg.), The Synagogue in the Late Antiquity, Philadelphia 1987. Josephus, Vita, 295, ist vermutlich der einzige Beleg für das Gebet in der Synagoge zur Zeit des zweiten Tempels; siehe Daniel R. Schwartz, Flavius Josephus. Vita, Introduction, Hebrew Translation and Commentary, Jerusalem 2007, Anm. 310. Für einen allgemeinen Überblick zum Gebet siehe auch Stephen K. Catto, Reconstructing the First-Century Synagogue. A Critical Analysis of Current Research, London 2007, 125–143. Einige Forscher behaupten, die Abfassung des feststehenden Gebets habe keinen Bezug zum Tempelgottesdienst gehabt. Sie räumen jedoch ein, dass wir aus der Tempelzeit über keine Quellen verfügen, die beweisen, dass es ein Gebet außerhalb des Tempels gab; siehe Heinemann, Prayer in the Period of the Tanna'im and the Amora'im, 22.

Exemplarisch die folgenden rabbinischen Quellen, aus denen ersichtlich wird, dass die Ursprünge des Gebetsgottesdienstes aus der Zeit vor dem Tempel datieren: »Worin bestand, wenn hundertzwanzig Greise, darunter viele Propheten, bereits vorher das Gebet in seiner Reihenfolge angeordnet hatten, die Ordnung Šimon des Flachsmannes!?« (Babylonischer Talmud *Megilla* 18a, zitiert nach Babylonischer Talmud Goldschmidt 4, 1931, 76) »Die Männer der Großsynode ordneten für Jisraél die Segenssprüche, Gebete, Weihsegen und Unterscheidungssegen [...]« (Babylonischer Talmud *Berachot* 33a; zitiert nach ebd. 1, Berlin 1929, 148) »Mose hatte (nämlich) die (folgende) Gebetsformel angeordnet: *Der große, mächtige und furchtbare Gott* (Dtn 10,17). [...] Und als nun die Männer der Großen Versammlung auftraten, (drückten) sie die Größe (Gottes) durch die Wiedereinführung (des Segensspruches) in der früheren (vollen) Form (aus)« (Jerusalemer Talmud *Megilla* 3,7, 74c [Sp. 767]), zitiert nach Talmud Yerushalmi Hengel 2/10, 1987, 131 f.). Zu den Impulsen, die zur Entstehung des festen Gebets geführt haben, siehe allgemein Stefan C. Reif, Judaism and Hebrew Prayer, Cambridge 1993.

Die Textstelle Mischna *Berachot* 4,3–4 über die Amida als Kern des Gebetsgottesdienstes wird zitiert nach Mischna Correns

2005, 7. Zur Bedeutung des Wortes *keva* als einer Form des Wortes *kavua* (dt. »feststehend«) vgl. Louis Ginsberg, A Commentary of the Palestinian Talmud, Bd. 3, New York 1971, 333–337; Joseph Heinemann, Studies in Jewish Liturgy, Jerusalem 1981, 77–79 (hebr.). Heinemann bemerkt richtig, dass Rabbi Eliezer dem Beispiel des Rabbi Schimon im Mischna-Traktat *Avot* 2,13 folgt und im Großen und Ganzen dasselbe ausdrückt, nämlich seinen Widerstand gegen eine festgelegte Gebetsform. Vielleicht stimmen beide darin überein, dass man die achtzehn Segnungen (die Amida) jeden Tag sprechen sollte, widersetzen sich jedoch der Idee eines feststehenden Gebetsgottesdienstes, der sich in der rabbinischen Welt entwickelte und ein fester Bestandteil von ihr wurde. Siehe Abraham Aderet, From Destruction to Restoration. The Mode of Yavneh in Re-Establishment of Jewish People, Jerusalem 1999, 95 (hebr.). – Der *Berachot*-Traktat (29b) im Babylonischen Talmud führt drei Interpretationen zur Bedeutung des Begriffs »vorgeschriebenes Gebet« in Rabbi Eliezers Äußerung an: »Wenn ihm sein Gebet wie eine Last vorkommt«; »wenn man nicht flehentlich spricht«; »wenn man darin nichts Neues einzuschalten weiß« (zitiert nach Babylonischer Talmud Goldschmidt 1, 1929, 129). Die ersten beiden Interpretationen beziehen sich eindeutig auf ein Gebet mit vorgegebenem Wortlaut, den der Betende lediglich hersagt: Daher kommt es ihm wie eine Last vor oder stellt kein wirkliches Flehen dar. Auch die dritte Interpretation betrifft ein Gebet, das bereits festgelegt ist und in das man nichts Neues einschalten kann, weil an ihm schon alles unverrückbar ist. – Die Baraita Babylonischer Talmud *Berachot* 28b wird zitiert nach ebd., 126. Siehe auch Fleischer, On the Beginnings of Obligatory Jewish Prayer, 425–433; Reif, Judaism and Hebrew Prayer, 60. Dort heißt es: »Selbst was den frühesten uns bekannten Text des Amida-Gebets anbelangt, so gibt es keinen stichhaltigen Beweis dafür, dass er aus der Zeit vor der Tempelzerstörung stammt, und nur unter Zuhilfenahme kluger und sachkundiger Spekulation lässt sich die Annahme vertreten, dass einige der einleitenden und der abschließenden Segnungen als solche damals schon existierten.«

Die genaue Bedeutung der Baraita Babylonischer Talmud *Berachot* 28b wird in der Forschung kontrovers diskutiert. Heinemanns allgemein akzeptierte Auffassung, wir hätten es hier mit der abschließenden Redaktion und Ausgestaltung des Achtzehnergebets zu tun, beruht auf den Quellen, die Heinemann zur Verfügung standen (vgl. Heinemann, Prayer in the

Period of the Tanna'im and the Amora'im, 22–26). Unserer Meinung nach ist dem nicht ohne weiteres zuzustimmen, zumal Heinemann selbst einräumt, dass es keinerlei Belege für die Existenz eines geregelten Gebets während der Zeit des Tempels gibt. Der Gebrauch der Bezeichnung *schemone esre* (achtzehn [Segnungen]), den Heinemann als Argument ins Feld führt, beweist noch gar nichts. Warum sollten wir nicht sagen, wie aus der simplen Bedeutung der Wörter hervorgeht, dass sie das *schemone esre* einführten und redigierten? Diese Position vertritt Fleischer, On the Beginnings of Obligatory Jewish Prayer, 426. In diesem Zusammenhang müssen wir auch dem Umstand Beachtung zollen, dass die Quellenlage für die Arbeit der Weisen dieser Generation an der Gestaltung vieler anderer Gebete ausgesprochen gut ist.

Die Beispiele für die Einführung von Gebeten in der Generation von Javne (Mischna *Berachot* 1,4–5 und Mischna *Rosch ha-Schana* 4,5) werden zitiert nach Mischna Correns 2005, 4 und 260.

Wir argumentieren oben, dass es zwar einen griechischen Einfluss in der rabbinischen Literatur gab, dass das Griechische aber keinen Ausdruck im hebräischen Gebet gefunden hat. Um genau zu sein: Beim Schema'-Gebet stößt man darauf, dass es in Caesarea auf Griechisch gesprochen wurde: »Rabbi sagt: Ich behaupte: Das Rezitieren des Shema' darf nur in der heiligen Sprache geschehen. Was ist der Grund (dafür)? (Es steht geschrieben:) *Und diese Worte sollen sein* (Dtn 6,6): Rabbi Lewi bar Haita ging nach Caesarea und hörte Stimmen, die das Shema' auf Griechisch rezitierten. Da wollte er es ihnen verwehren. Das hörte Rabbi Yose und wurde zornig. Er sprach: Habe ich denn etwa gesagt, dass derjenige, der das (Shema') nicht in hebräischer Quadratschrift lesen kann, es überhaupt nicht rezitieren soll? Vielmehr hat er seiner Pflicht genügt, (wenn er es) in irgend einer Sprache, (die er versteht, rezitiert hat). Rabbi Berekhya wandte ein: Bei der Estherrolle ist es doch folgendermaßen: Wenn man sowohl die hebräische Quadratschrift als auch eine (andere) fremde Sprache lesen kann, dann hat man seiner Pflicht nur dann genügt, (wenn man sie) in hebräischer Quadratschrift gelesen hat. Rabbi Mana sagte: Bei der Estherrolle (ist es folgendermaßen): Wenn man sowohl die hebräische Quadratschrift als auch eine (andere) fremde Sprache lesen kann, dann hat man seiner Pflicht nur dann genügt, (wenn man sie) in hebräischer Quadratschrift gelesen hat. Kann man (sie aber nur) in einer fremden Sprache lesen, dann hat man seiner Pflicht genügt, (wenn man sie) in der fremden Sprache (gelesen hat). Demnach hat man seiner Pflicht genügt, (wenn man sie) in irgendeiner Sprache (gelesen hat), die man kennt. Dasselbe gilt für das (Achtzehnbitten)gebet: (Man darf es in jeder Sprache, die man kann, beten,) damit man seine Bitten (Gott) vorzutragen versteht. Ebenso beim Tischgebet, damit man weiß, vor wem man die Segenssprüche vorträgt. Ferner beim Zeugniseid und beim Eid über anvertrautes Gut: Man beschwört (denjenigen, der den Eid zu leisten hat,) in seiner Muttersprache« (Jerusalemer Talmud *Sota* 7,1, 21b [Sp. 933]), zitiert nach Talmud Yerushalmi Hengel 3/2, 1998, 160 f.) Hier ist darauf hinzuweisen, dass in dieser Quelle die Rede vom *kriat schema'* ist, das aus einer Reihe von Bibelstellen besteht, die sicher schon Jahrhunderte früher ins Griechische übersetzt worden sind. Uns geht es in unserer Studie um jene Gebete, die die Weisen formuliert und aufgeschrieben haben, insbesondere die der Generation von Javne.

Zu den Gebeten im hellenistischen Judentum, griechisch-römischer Antike und frühen Christentum vgl. die Anthologie von Mark Christopher Kiley (Hg.), Prayer from Alexander to Constantine. A Critical Anthology, London/New York 1997, hier bes. das von Randall D. Chesnutt und Judith H. Newman verfasste Kapitel »Prayers in the Apocrypha and Pseudepigrapha«, 38–42. Die Autoren sprechen zu Recht davon, dass das Gebet in den Pseudepigraphen und Apokryphen den Rang einer Heiligen Schrift erhielt.

Zum Amida-Gebet in den christlichen Apostolischen Konstitutionen und seiner Herkunft aus dem östlichen Judentum vgl. David A. Fiensy, Art. »Prayers, Hellenistic Synagogal«, in: Anchor Bible Dictionary, Bd. 5, New York 1992, Sp. 450 f.; Gerard Rouwhorst, Jewish Liturgical Traditions in Early Syriac Christianity, in: Vigiliae Christianae 51 (1997), H. 1, 72–93; siehe auch Esther G. Chazon, »A Prayer Alleged to be Jewish« in the Apostolic Constitutions, in: dies./David Satran/Ruth A. Clements (Hgg.), Things Revealed. Studies in Early Jewish and Christian Literature in Honor of Michael E. Stone, Leiden 2004, 261–277; Pieter Willem van der Horst/Judith H. Newman, Early Jewish Prayers in Greek, Berlin 2008, 9–27.

Eine Diskussion des jüdischen Nationalismus findet sich bei Goodblatt, Elements of Ancient Jewish Nationalism, und Mendels, The Rise and Fall of Jewish Nationalism. Für die Quellen von Josephus' *Jüdischen Altertümern* vgl. Abraham Schalit, Kadmoniot ha-Jehudim, Bd. 1, Jerusalem/Tel Aviv 1967, XXXVI–XLIX (hebr.). Zu den Gesetzen in den *Jüdischen Altertümern* siehe auch die Arbeit von Goldenberg, der verschiedene Gesetze zitiert: David Goldenberg, The Halakhah in Josephus and Tannaitic Literature. A Comparative Study, in: The Jewish Quarterly Review 67 (1976), 30–43. Generell kann man jedoch davon ausgehen, dass Josephus die mündliche Halacha und insbesondere die Neuerungen, die an ihr nach dem Jahr 70 u. Z. vorgenommen wurden, nicht kannte. – Zur Frage nach Septuaginta oder hebräischer Bibel als Quelle für Philo siehe David Rokeah, A New Onomasticon Fragment from Oxyrhynchos and Philo's Etymologies, in: The Journal of Theological Studies 19 (1968), H. 1, 70–82; ders., Philonis Alexandrini De Providentia – De Decalogo Hypothetica, Jerusalem 1976, 13–16 (hebr.). Zur fehlenden Rezeption von Philo durch die Rabbinen vgl. David T. Runia, Philo in Early Christian Literature. A Survey, Assen/Minneapolis 1993. Das von Justinian am 8. Februar 553 u. Z. erlassene Gesetz wird diskutiert bei Linder, The Jews in Roman Imperial Legislation, 402–411 (Gesetz Nr. 66); die Textstelle »Wir mochten sie jedoch nicht […]« wird zitiert nach ebd., 408. Zu Justinian und den Juden allgemein vgl. Alfredo Mordechai Rabello, Justinian and the Revision of Jewish Legal Status, in: The Cambridge History of Judaism 4, 1073–1076. Zum innerjüdischen Sprachenkonflikt und zum Problem der Bibelübersetzungen siehe auch unsere Interpretation der Novelle Justinians von 553 im Kapitel »Nachwirkungen«. Zur fehlenden Kenntnis von rabbinischer Literatur bei griechischen und lateinischen Autoren vgl. Stern, Greek and Latin Authors on Jews and Judaism. Die enorme literarische Produktivität im Christentum ist Thema bei Harry Y. Gamble, Books and Readers in the Early Church. A History of Early Christian Texts, New Haven/London 1995; Doron Mendels, The Media Revolution of Early Christianity, Grand Rapids 1999. Dass Origenes, Eusebius und Hieronymus von der Existenz jüdischen Wissens Kenntnis hatten, lässt sich verschiedenen Beispielen entnehmen, die Jacobs behandelt (darunter auch das Beispiel des heidnischen Rhetors Libanius): Jacobs, Die Institution des jüdischen Patriarchen, bes. 248–272. Wir wissen zudem durch die Hexapla des Origenes, dass dieser die Bibelübersetzung des Aquila (die von den Rabbinen unterstützt wurde) kannte. – Zum jüdischen Aufstand der Jahre 115–117 u. Z. vgl. Mendels, The Rise and Fall of Jewish Nationalism, 385–386; Miriam Pucci Ben-Zeev, The Uprising in the Jewish Diaspora, 116 f., in: The Cambridge History of Judaism 4, 93–104.

Mündliche Lehre und der Widerstand der Rabbinen

Zur Textstelle Midrasch *Tanchuma* (Warschau), *Paraschat Ki Tissa* 34 (»R. Yehudah bar Shalom sagte […]«) vgl. die parallele Stelle *Pesikta Rabbati* (Ish-Shalom) Kapitel 5, *Jelamdenu (Rabbenu) Mahu*: »R. Yehuda sagte im Namen von R. Shalom: Moses ersuchte darum, dass die Mischna schriftlich festgehalten werde, und Gott sah vorher, dass die Nationen der Welt künftig die Tora übersetzen würden, um sie auf Griechisch zu lesen, und dass sie behaupten würden: ›Ihr seid nicht Israel.‹ Gott sagte zu Moses: ›Künftig werden die Nationen der Welt sagen: Wir sind Israel. Wir sind die Söhne Israels. Wir sind die Söhne Gottes. Und jetzt ist die Waage ausgeglichen.‹ Gott sagte zu den Nationen: ›Von denen ihr behauptet, sie seien meine Kinder – ich weiß es nicht. Aber die mein Geheimnis in ihren Händen haben, sind meine Kinder.‹ Sie sagten zu ihm: ›Was ist dein Geheimnis?‹ Er erwiderte: ›Es ist die Mischna.‹« Vgl. dazu Lieberman, Greek and Hellenism in Jewish Palestine; siehe auch Urbach, The Sages; François Paul Dreyfus, The Scales are Even, in: Tarbitz 52 (1982), H. 1, 139 (hebr.); A. A. Hallevy, The Scales are Even, in: Tarbitz 52 (1983), H. 3, 514 (hebr.); Mordechai Akiba Friedman, And so far the Scales are Balanced, in: Tarbitz 54 (1984), H. 1, 147 (hebr.), hier finden sich auch Angaben zu älterer Literatur. Die Exklusivität der Mischna als ein dem jüdischen Volk vorbehaltenes Wissen wurde gestützt von einer – zumindest in ihren Anfängen – mündlichen Überlieferung und dem Verzicht auf eine Übersetzung der hebräischen Texte in andere Sprachen. Wie Elisha Qimron in einem unveröffentlichten Vortrag zeigt, legte bereits die Gemeinde von Qumran Wert darauf, die meisten ihrer *halachot* auf Hebräisch zu veröffentlichen. (Das »Neue Jerusalem«, die Fragmente aus

Höhle 11, ist eine Ausnahme, da hier das Aramäische verwendet wird; die Gesetze in der Damaskusschrift dagegen sind auf Hebräisch.) Das Phänomen ist vergleichbar dem Zögern vieler islamischer Gelehrter, den Koran in andere Sprachen zu übersetzen; siehe dazu Meir Bar-Asher, Islamic Views on Translating the Qur'an, in: The Israel Academy of Sciences (hebr., im Druck). – Die Textstelle Jerusalemer Talmud *Pea* 2,6, 17a (Sp. 89) (»Rabbi Ze'ira im Namen von Rabbi El'azar [...]«) wird zitiert nach Talmud Yerushalmi Hengel I/2, 1986, 61 f. Die Überlegenheit der mündlichen Lehre gegenüber der schriftlichen diskutieren Urbach, The Sages, 286–314, bes. 305–310; Avraham Rosenthal, Tora sche-'al Pe we-Tora mi-Sinai, in: Mechkere Talmud 2 (1993), 448 (hebr.). Die Textstelle Mischna *Megilla* 1,8 (»[Heilige] Bücher unterscheiden sich [...]«) wird zitiert nach Mischna Correns 2005, 272 f. Die beiden Stellen aus dem Babylonischen Talmud *Megilla* 9a werden zitiert nach Babylonischer Talmud Goldschmidt 4, 1931, 33, 35. Die anschließende Stelle im Jerusalemer Talmud wird zitiert nach Talmud Yerushalmi Hengel 2/10, 1987, 44 f. Siehe insgesamt auch Lieberman, Greek and Hellenism in Jewish Palestine, 13–15; Gedaliah Alon, Mechkarim be-Toldot Jisrael (Studien zur Geschichte Israels), Bd. 2, Tel Aviv 1970, 241–248 (hebr.). Zu Philos Hinweis auf den Feiertag, der anlässlich der Übersetzung der Septuaginta eingeführt wurde, vgl. Philo, *Über das Leben Moses*, 25–43. Für die Textstelle *Megillat Ta'anit Batra* (»An folgenden Tagen fasten wir [...]«) siehe Shulamit Elitzur, Wherefore Have we Fasted? »Megilat Taanit Batra« and Similar Lists of Fasts, Jerusalem 2007, 65, 70 (hebr.), weitere Formulierungen, die denselben Gedanken etwas anders ausdrücken: 75, 77, 86, 94, 111, 121. Das Zitat aus einem liturgischen Gedicht von Rabbi Pinchas ben Ja'akov ha-Kohen, das die Einführung eines Fasttages wegen der Niederschrift der griechischen Toraübersetzung belegt, siehe ebd., 31. Ein liturgisches Gedicht früheren Datums von Kalir ist das einzige, in dem es eine Liste von Fasttagen gibt, aber kein Fasten anlässlich der Übersetzung der Tora ins Griechische; vgl. ebd., 18 (Elitzurs Einschätzung, dass die griechische Toraübersetzung seit ihrer Übernahme durch die Christen bei den Juden als unangemessen oder gar schädlich galt: 197). Im Zusammenhang mit der christlichen Übernahme der Tora findet man bei Rabbi Jochanan folgende Äußerung: »Wenn ein Nichtjude sich mit der Tora befasst, so verdient er den Tod, denn es heißt: *eine Lehre übergab uns Moše, zum Erbbesitze;* sie ist ein Erbbesitz für uns, nicht aber für sie.« (Babylonischer Talmud *Sanhedrin* 59a, zitiert nach Babylonischer Talmud Goldschmidt 8, 1933, 697) Siehe auch Urbach, The Sages, 550.

Berachyahu Lifshitz, der unserer These von einer Spaltung der spätantiken jüdischen Welt aufgrund einer Sprachbarriere die These eines Konflikts zwischen Sadduzäern und Pharisäern entgegenhält, beruft sich unter anderem auf die von Moshe David Herr angeführte apokryphe Literatur; vgl. ders., The End of Jewish Hellenistic Literature. When and why, in: Gafni, The Jews in the Hellenistic-Roman World, 361–375 (hebr.). Diese kann unseres Erachtens jedoch nicht als Zeugnis für sadduzäische Literatur dienen, wie Lifshitz behauptet. Die jüdische apokryphe Literatur endet bereits im zweiten Jahrhundert u. Z. und ist daher sicher nicht aussagekräftig für spätere Zeiträume. Zur Sektenbildung siehe vor allem die beiden Arbeiten von Baumgarten: Albert I. Baumgarten, The Flourishing of Jewish Sects in the Maccabean Era. An Interpretation, Leiden/Köln 1997; ders., Second Temple Sectarianism. A Social and Religious Historical Essay, Tel Aviv 2001 (hebr.), Zitat »Die Frage erhob sich […]«: 16.

Netzwerke des Wissens

Als grundlegende Lektüre für den Abschnitt »Netzwerke des Wissens« möchten wir auf Vorarbeiten von Doron Mendels verweisen: Pagan or Jewish? The Presentation of Paul's Mission in the Book of Acts, in: ders., Identity, Religion and Historiography, Sheffield 1998, 394–419. Die Textstelle aus Apg 13,13–43 (»Von Paphos stachen Paulus und seine Gefährten […]«) wird zitiert nach Bibel Arenhoevel, 1566 f. In Berichten des Neuen Testaments über Gesandte werden die christlichen Gesandten »Apostel« genannt. Das römische Recht bezeichnet auch vom *Nasi* ausgesandte Juden als Apostel. Im Gegensatz zur spirituellen Mission der christlichen Apostel waren die jüdischen lediglich damit beauftragt, Geld einzusammeln und den *Nasi* im Land Israel zu unterstützen. Es ist gut möglich, dass Forscher diese verschiedenen Gesandten nicht immer auseinandergehalten haben und eine Quelle auf jüdische Gesandte beziehen, die sich in Wirklichkeit auf christliche Apostel bezog. – Zur Existenz griechischsprachiger Juden in Syrien, im Libanon und im Land

Israel vgl. The Cambridge History of Judaism 4. Die Entwicklung eines christlichen Kommunikationssystems zu jener Zeit wird nachgezeichnet von Mendels, The Media Revolution of Early Christianity. Zum Begriff des »Wissensnetzwerks« vgl. Andrew C. Inkpen/Eric W. K. Tsang, Social Capital, Networks and Knowledge Transfer, in: Academy of Management Review 30 (2005), H. 1, 149. Zu den rabbinischen Spuren in den Schriften des Paulus vgl. Menahem Kister, Romans 5:12–21 against the Background of Torah-Theology and Hebrew Usage, in: Harvard Theological Review 100 (2007), H. 4, 391–424 (dort wird auch ältere Literatur angeführt). Zu den christlichen Schwerpunkten der Verschriftlichung und der Mission vgl. Mendels, Pagan or Jewish? The Presentation of Paul's Mission in the Book of Acts. Für die Passage über die Vertreibung der Juden aus Rom bei Valerius Maximus siehe Stern, Greek and Latin Authors on Jews and Judaism 1, 358. Zum Problem der vermeintlichen jüdischen Mission allgemein vgl. den Überblick bei Paul F. Stuehrenberg, Proselyte, in: Anchor Bible Dictionary 5, New York u. a. 1992, Sp. 503–505.

Nachwirkungen

Für den Abschnitt »Nachwirkungen« kann die ausgezeichnete Zusammenfassung der Forschung zur Geschichte der Juden Europas in diesem Zeitraum von Michael Toch empfohlen werden: The Jews in Europe 500–1050, in: The New Cambridge Medieval History, Bd. 1, hg. von Paul Fouracre, Cambridge 2005, 547–570. Zu den letzten jüdischen Schriftwerken im antiken Rom vgl. Rutgers, The Hidden Heritage of Diaspora Judaism, 235–284. Sollten sich Tal Ilans Argumente für das Entstehen von Pseudo-Philos *Buch der biblischen Altertümer* in Rom als stichhaltig erweisen (was wir bezweifeln), so würden sie unsere Behauptung stärken, dass die westlichen Juden sich ihren eigenen Bücherkanon schufen. Die Entstehungszeit des Buches hat sie nicht nachgewiesen, doch es dürfte zeitgleich mit der frühen jüdischen Literatur geschrieben worden sein, etwa dem *Buch der Jubiläen*, das im zweiten Jahrhundert v. u. Z. entstand. Selbst wenn Ilan damit recht hat, dass das *Buch der biblischen Altertümer* in Rom in lateinischer Sprache verfasst wurde, kann es doch als ein frühes hellenistisches Schriftwerk gelten. Zur Ursprungshypothese des Buches im ersten Jahrhundert im Land

Israel siehe dagegen Doron Mendels, Identity, Religion and Historiography, Sheffield 1998, 294–313. Von den westlichen Juden gibt es vom zweiten bis zum zehnten Jahrhundert u. Z. so gut wie keine literarischen Hinterlassenschaften. Das ist umso auffälliger, als die Juden im Osten eine Fülle an Literatur hervorgebracht haben. Auch im christlichen Europa erblühte in dieser Zeit eine Schriftkultur, getragen von einflussreichen Bischöfen wie Gregor von Tours, Gregor der Große oder Isidor von Sevilla über Gelehrte im Umkreis der Macht wie Cassiodor oder Boethius bis hin zu den schriftkundigen Mönchen in den Skriptorien der Klöster; siehe dazu Jacques Fontaine, Education and Learning (500–700), in: The New Cambridge Medieval History 1, 735–759.

Im Gegensatz zur jüdischen Überlieferung sind die christlichen Quellen des frühen Mittelalters reich an Informationen über die jeweilige lokale jüdische Bevölkerung; siehe etwa Quellen aus Gesetzeswerken bei Linder, The Jews in Roman Imperial Legislation; ders., The Jews in the Legal Sources of the Early Middle Ages, sowie Heinz Schreckenberg, Die christlichen Adversus-Judaeos-Texte und ihr literarisches und historisches Umfeld (1.–11. Jahrhundert), Frankfurt a. M. [2]1990. Zur Entstehung von Legenden über den Ursprung der jüdischen Gemeinden des christlichen Europa siehe etwa Sarah Zfatman, Between Ashkenaz and Sepharad. The Jewish Tale in the Middle Ages, Jerusalem 1993 (hebr.), die den Aufstieg der Gemeinden in Spanien und Deutschland mit dem Rückgang der babylonischen Vorherrschaft in Verbindung bringt. Zu den Juden in Italien siehe die Achima'az-Rolle und Robert (Reuven) Bonfil, Between Eretz Israel and Babylonia, in: Shalem. Studies in the History of the Jews in Eretz Israel 5 (1987), 1–30 (hebr.). Es fragt sich indes, ob man Märchen als historische Dokumente verwenden kann. Siehe Avraham Grossman, The Early Sages of Ashkenaz. Their Lives, Leadership and Works (900–1096), Jerusalem 1982, 1–8 (hebr.).

Grundlegend für die Geschichte der babylonischen Geonim ist das Buch von Brody, The Geonim of Babylonia and the Shaping of Medieval Jewish Culture (zur Kommunikation zwischen den Geonim und den jüdischen Zentren: 123–134). Es scheint angebracht, auf die von einigen Forschern aufgestellte Behauptung einzugehen, das rabbinische Judentum habe nur einen geringen Prozentsatz der östlichen jüdischen Diaspora ausgemacht (Schwartz, Imperialism and Jewish Society; Eliav, The Matrix of Ancient Judaism; ders., Jews and Judaism 70–429, in: A Companion to the Roman Empire, hg. von David Stone

Potter, Oxford 2006, 116–128). Die Frage, die wir in diesem Buch aufwerfen, hat nichts zu tun mit der Frage nach dem Grad der Akzeptanz der Rabbinen seitens der hebräisch- und aramäischsprachigen Gemeinden. Unsere Grundthese bezüglich des Bruchs zwischen den beiden Diasporas bezieht sich in erster Linie darauf, dass die Sprachbarriere zwischen beiden Judenheiten das rabbinische Judentum an einer Ausdehnung nach Westen hinderte, unabhängig davon, in welchem Maß es im Osten auf Zustimmung stieß. Die Behauptung, das rabbinische Judentum sei im Osten nur begrenzt akzeptiert worden, setzt also unsere These einer Ost-West-Dichotomie nicht außer Kraft.

Zum Fehlen paralleler jüdischer Quellen siehe etwa Friedrich Lotter, Die Grabinschriften des lateinischen Westens als Zeugnisse jüdischen Lebens im Übergang von der Antike zum Mittelalter (4.–9. Jahrhundert), in: Christoph Cluse u. a. (Hgg.), Jüdische Gemeinden und ihr christlicher Kontext in kulturräumlich vergleichender Betrachtung, Hannover 2003, 87–147, im Gegensatz zu Toch, The Jews in Europe 500–1050. Für weitere Einzelheiten zur offenkundigen Existenz von Juden in Europa im frühen Mittelalter vgl. Asher Frishman, The Early Ashkenazi Jews. Since their Settlement in North-West Europe to the First Crusade, Tel Aviv 2008, 25–110 (hebr.). – Erklärungsmodelle für den Versuch der Kirche, zwischen Christen und Juden rechtliche Barrieren zu errichten, werden diskutiert bei Jeremy Cohen, Living Letters of the Law. Ideas of the Jew in Medieval Christianity, Berkeley 1999; Kenneth Richard Stow, Jewish Dogs. An Image and its Interpreters. Continuity in the Catholic-Jewish Encounter, Stanford 2006; Toch hingegen zeigt auf, wie eng verflochten die christlichen und jüdischen Lebenswelten de facto waren, ders., The Jews in Europe 500–1050.

Zum gemäßigten Tonfall der Christen gegenüber den Juden siehe etwa Amnon Linder, The Jews in the Legal Sources of the Early Middle Ages. Siehe bei Linder speziell zur Synode von Vannes in Gallien im Jahr 465 u. Z., die Geistlichen untersagt, an jüdischen Gastmählern teilzunehmen: 465 f.; zur Synode von Narbonne im Jahre 589 u. Z., die den Juden das Rezitieren von Psalmen beim Begräbnis verbot: 477. Verschiedene Dokumente deuten darauf hin, dass sich Juden an Feiertagen versammelten, um gemeinsam zu feiern, dass aber der Ort ihrer Zusammenkunft nicht unbedingt eine Synagoge sein musste; siehe etwa den Brief von Gregor der Große an Peter, Bischof von Terracina, vom März 591, bei Linder, ebd., 417 f. Zur Wahrnehmung der jüdischen Feste durch die christliche Mehrheit siehe ebenfalls

Linder, The Jews in the Legal Sources of the Early Middle Ages: 27 (Pessach, Fasten – offenbar Jom Kippur – und Geschenke, vermutlich Purim), 48 (Schabbat, Purim und andere Feste), 64 (Schabbat und andere Feiertage), 68 (Festgaben), 80, 83, 86, 138 (Schabbat und andere Feiertage), 184 f. (Feste und Pessach), 220 (Schabbat und andere Feste), 240 (Feste), 263 (Schabbat, Pessach und andere Feste), 285 (Schabbat, Pessach und andere Feste), 294 (Schabbat, Neumond, Sukkot und andere Feiertage), 322 (Schabbat und andere Feste), 324 (Schabbat und andere Feiertage), 418, 443 (Feste), 463 (Pessach, Annahme von Geschenken, andere Feste) usw. Was Pessach anbelangt, so finden wir in mehreren Gesetzen einen Hinweis auf den 14. Nisan als das Datum, an dem die Juden diesen Feiertag begingen; siehe etwa das im siebten Jahrhundert kodifizierte westgotische Gesetz (ebd., 263). Möglicherweise wurde der 14. Nisan anstelle des 15. angegeben, weil die Juden nicht davon abließen, zur Feier am Nachmittag vor Pessach ein Lamm zu braten – ein Brauch, den die Rabbinen eindeutig verboten hatten. Die Tosefta (*Jom Tov* 2,15) erwähnt, dass Todos der Römer zu Pessach ein Lamm briet und dadurch den Zorn der Rabbinen erregte. Die Textstelle aus dem Gesetz von Theodosius (»Die Statthalter der Provinzen [...]«) wird deutsch zitiert nach Linder, The Jews in Roman Imperial Legislation, 236–238; dort speziell zu jüdischen Riten und Festen in antijüdischen Gesetzen des westgotischen Spanien, die auf ein jüdisches Leben in biblischen Traditionen verweisen: 517–521. Interessant ist, dass in den offiziellen Dokumenten dieser Zeit, in denen es um die jüdischen Feiertage geht, Chanukka nicht erwähnt wird; eine bestimmte Stelle in den Apostolischen Kanones (Linder, The Jews in the Legal Sources of the Early Middle Ages, 27) bezieht sich ganz sicher nicht auf Chanukka. Auch dies dürfte daran liegen, dass Chanukka ein Feiertag ist, den die Rabbinen einführten und der im Westen nicht übernommen wurde.

Zum Problem christlicher Sklaven im Besitz von Juden vgl. Toch, The Jews in Europe 500–1050, 563; Ephraim E. Urbach, The World of the Sages. Collected Studies, Jerusalem 1998, 142–189 (hebr.), zum hasmonäischen Ursprung des Gesetzes zur Beschneidung eines nichtjüdischen Sklaven: 167. Zum Problem des Haltens unbeschnittener Nichtjuden als Sklaven, das Rabbi Jischmael entgegen der Verfügung Rabbi Akibas ausdrücklich erlaubt, vgl. Babylonischer Talmud *Jebamot* 48b.

Zu den jüdischen Bevölkerungsinseln in dieser Zeit in Europa vgl. Toch, The Jews in Europe 500–1050; Lotter, Die Grabinschriften des lateinischen Westens als Zeugnisse jüdischen Lebens. Socrates Scholasticus, Kirchengeschichte, Buch 7, Kapitel 38, über die Bekehrung der Juden Kretas zum Christentum; Severus, Bischof von Menorca, über die zwangsweise Bekehrung von Juden auf Menorca (Schwartz, Imperialism and Jewish Society, 197); Gregor von Tours, Zehn Bücher Geschichten, Buch 5, Kapitel 11, über eine massenhafte Bekehrung von Juden in Clermont-Ferrand.

Zu den ersten Belegen für das Eindringen des rabbinischen Rechts im neunten Jahrhundert in Europa vgl. das Corpus Christianorum, Continuatio Medievalis 52, 189–195. Zum Wandel des europäischen Antijudaismus im zwölften und dreizehnten Jahrhundert vgl. Amos Funkenstein, Changes in the Patterns of Christian Anti-Jewish Polemics in the Twelfth Century, in: Zion 33 (1968), H. 3–4, 125–144 (hebr.); ders., Basic Types of Christian anti-Jewish Polemics in the Later Middle Ages, in: Viator 2 (1970), 373–382; Chenmelech Merchavia, The Church versus Talmudic and Midrashic Literature, 500–1248, Jerusalem 1970 (hebr.); Cohen, Living Letters of the Law, 147–166. Man kann sagen, dass die Juden vor dem neunten Jahrhundert, also bevor sie mit der rabbinischen Literatur bekannt wurden, eine informelle christliche Bildung genossen, ein Usus, der mit der Einführung einer formellen jüdischen Erziehung in hebräischer und aramäischer Sprache zurückgegangen sein dürfte. Zur Erziehung im Mittelalter vgl. Ronald B. Begley/Joseph W. Koterski, Medieval Education, New York 2005, sowie Fontaine, Education and Learning (500–700). Wir können uns auch vorstellen, dass die Einführung von rabbinischer Literatur und formeller, institutionalisierter jüdischer Erziehung die Juden der nichtjüdischen Erziehung entfremdete und den Gegensatz zwischen Christen und Juden vergrößerte. Die Bedeutung einer obligatorischen Erziehung in der jüdischen Tradition und ihre Implikationen für die Erhaltung der Juden in der westlichen Diaspora wurden in neuerer Zeit von Rapoport und Weis hervorgehoben: Hillel Rapoport/Avi Weis, In-Group Cooperation in a Hostile Environment. An Economic Perspective on Some Aspects of Jewish Life in the (Pre-modern) Diaspora, in: Carmel U. Chiswick/Tikva Lecker/Nava Kahana (Hgg.), Jewish Society and Culture. An Economic Perspective, Ramat Gan 2007, 103–128. Dazu muss man wissen, dass die Erziehungspflicht eine der wichtigsten rabbinischen Neuerungen war und folglich nur Orte erreichen konnte, zu denen das rabbinische Recht ohnehin vorgedrungen war.

Die zunehmenden Aggressionen gegen Juden in den Konzilsbeschlüssen des sechsten Konzils von Toledo vermerkt Linder, The Jews in the Legal Sources of the Early Middle Ages, 494–500; zuvor herrschte ein eher moderater Ton gegenüber den Juden vor, vgl. Toch, The Jews in Europe 500–1050, 551; Cohen, Living Letters of the Law, 103–105; Scott Bradbury, The Jews of Spain, c. 235–638, in: The Cambridge History of Judaism 4, 508–516. Die Textstelle zum Eid der Juden bei der Konversion »Wir verpflichten uns […]« wird zitiert nach Linder, The Jews in the Legal Sources of the Early Middle Ages, 499. Interessanterweise wird in diesem Gesetz klar unterschieden zwischen drei Arten von Literatur: dem Alten Testament, dem mündlichen Recht und den Apokryphen. – Zur aggressiven Haltung Isidors von Sevilla gegenüber Juden und Judentum vgl. Cohen, Living Letters of the Law, 100–115. Die antijüdische Haltung der toledanischen Konzile hängt vermutlich mit dem ersten Erscheinen rabbinischer Literatur in Europa zusammen, die in Spanien viel eher eintraf als in Deutschland. Zu jener Zeit dürfte das Hebräische im westgotischen Spanien bereits hinlänglich bekannt gewesen sein; vgl. David J. Wasserstein, Langues et frontières entre Juifs et musulmans en al-Andalus, in: Maribel Fierro (Hg.), Judíos y musulmanes en al-Andalus y el Magreb. Contacos intelectuales, Madrid 2002, 1–11, und die Entgegnung von Carlos del Valle, Sobre las lenguas de los judíos en la España visigoda y al-Andalus, in: Sefarad 63 (2003), H. 1, 183–193. Zu Agobards offenkundigen Kenntnissen des nachbiblischen rabbinischen Judentums vgl. Merchavia, The Church versus Talmudic and Midrashic Literature, 71–84; Cohen, Living Letters of the Law, 130. Die Textstelle »Des Weiteren sollen diejenigen […]« wird zitiert nach Linder, The Jews in Roman Imperial Legislation, 409; siehe auch Linders Kommentar zum Wort *Mischna*: 402–405.

Zu den judäo-griechischen Fragmenten der Kairoer Geniza vgl. de Lange, Greek Jewish Texts from the Cairo Genizah; siehe dazu auch die Rezensionen von David Jacoby, in: Byzantinische Zeitschrift 91 (1998), 110–112; Johannes Niehoff-Panagiotidis, in: Südost-Forschungen 58 (1999), 474–480; Israel Moses Ta-Shma, Hebrew-Byzantine Bible Exegesis ca. 1000 from the Cairo Geniza, in: Tarbiz 49 (2000), H. 2, 247–256 (hebr.). Eine umfassende Bibliografie zur judäo-griechischen Literatur des Mittelalters stammt von Shifra Sznol, Medieval Judeo-Greek Bibliography. Texts and Vocabularies, in: Jewish Studies 39 (1999), 107–132. Speziell zu den Fragmenten des Mischna-Glossars siehe de Lange, Greek Jewish Texts from the Cairo Genizah,

295–306; Shifra Sznol, A Comparative Lexical Study of Greek and Latin Words in Late Midrashim and Judeo-Greek Vocabularies from Biblical Translations and Glossaries, in: Erytheia 26 (2005), 87–103; dies., A Mishnaic Hebrew Glossary in Judeo-Greek from Cairo Geniza, in: Massorot. Studies in Language Traditions and Jewish Languages 8–9 (2006), 225–252. – Die in der Geniza aufgefundene griechische Haggada enthält den Eröffnungsteil »Ha lahma anya« (»Dieses armselige Brot [...]«, zitiert nach Die Pessach Haggada, hg. von Michael Shire, Berlin [2]2001, 13). Dieser Teil ist der einzige der Haggada, der in seiner ursprünglichen Sprache aufgeschrieben wurde, nämlich Aramäisch – nicht etwa Hebräisch. Er datiert aus der Zeit der Geonim in Babylonien, während die übrigen Teile der Haggada im Land Israel entstanden. Mit anderen Worten: Man kann davon ausgehen, dass es sich bei der griechischen Haggada aus der Geniza um einen späteren Text handelt, der in Babylonien seinen Ursprung hatte und jedenfalls nicht das Fortbestehen der byzantinischen jüdischen Gemeinde beweist; siehe dazu auch Safrai, Haggadah of the Sages, 109–112. – Zur Theorie, dass die judäo-griechischen Fragmente der Kairoer Geniza die Existenz einer griechischen jüdischen Gemeinde aus römisch-hellenistischer Zeit belegen, siehe Niehoff-Panagiotidis' Rezension von de Lange. Zum Buch Prediger in judäo-griechischer Übersetzung, das an die Übersetzungstechnik des Aquila erinnert, siehe de Lange, Greek Jewish Texts from the Cairo Genizah, 71–78. Aquila und seine Übersetzung ist Gegenstand der neuesten Arbeit von Moshe ben Eliezer Zipor, The Septuagint Version of the Book of Genesis, Ramat Gan 2005, bes. 33–35 (hebr.) zur Methode der wörtlichen Übertragung aus dem Hebräischen ins Griechische. Dass die Rabbinen die Übersetzung Aquilas befürworteten, hatten wir schon in den beiden Kapiteln »Zwei Sprachen – zwei Wissenskulturen« und » Mündliche Lehre und der Widerstand der Rabbinen« erwähnt; siehe dazu auch noch einmal eine Belegstelle aus dem Jerusalemer Talmud, nämlich *Megilla* 1,11, 73c (Sp. 749). Vgl. dazu auch Lieberman, Greek and Hellenism in Jewish Palestine, 12–14. Für die Möglichkeit rabbinischer Einflüsse auf Aquilas Übersetzung siehe Sznol, Medieval Judeo-Greek Bibliography; dies., A Mishnaic Hebrew Glossary. – Einen interessanten Versuch, das Dunkel um das Judentum in Europa vor dem neunten Jahrhundert anhand der Literatur der Folgezeit zu lichten, liefert Bonfil, Between Eretz Israel and Babylonia. – Zu den Strategien der Missionierung, Vernetzung und Uniformierung in der frühen Kirche im Unterschied zum westlichen Judentum vgl. Mendels, The Media Revolution of Early Christianity. Zur Zeit- und Raumbindung der Medien siehe Harold Adams Innis, The Bias of Communication, Toronto 1951, sowie Menahem Blondheim, Harold Adams Innis and his Bias of Communication, in: Elihu Katz u. a. (Hgg.), Canonic Texts in Media Research, Cambridge, Mass., u. a. 2003, 156–190.

Offensichtlich war den Rabbinen die Existenz der westlichen Diaspora durchaus bewusst; das geht etwa aus dem Exoduskommentar *Mechilta d'Rabbi Jischmael*, *Pascha* 14, hervor, wo von der *Schechina* (Gott) die Rede ist, die mit den Juden ins Exil gegangen ist, und wo Ägypten, Babylonien, Elam und Edom erwähnt werden. Edom bezeichnete zunächst das Land südlich des Toten Meeres, rückte aber in der späteren jüdischen Geschichtsschreibung gen Westen und wurde zum Synonym für das Römische Reich. Wenn Edom für Rom, also für die westliche Diaspora steht und die Rabbinen um die dort lebenden Juden zwar wussten, sich aber trotzdem weigerten, ihr Wissenskorpus oder auch nur Teile daraus ins Griechische oder Lateinische zu übersetzen, so muss dies als Widerspruch auffallen. – Der Verlust der zehn Stämme Israels ist zu einem Fixpunkt im kollektiven Gedächtnis des jüdischen Volkes geworden; die Erinnerung an ihn wird nicht nur in den rabbinischen Schriften, sondern auch in anderen frühen jüdischen Zeugnissen überliefert wie etwa in den Testamenten der zwölf Patriarchen, in Mt 10,1 (Berufung und Aussendung der zwölf Apostel in die Gebiete der zwölf Stämme Israels) oder im bereits erwähnten Aristeasbrief. Dass in späterer Zeit der Verlust der westlichen Diaspora dagegen aus der kollektiven Erinnerung ausgeschieden wurde, verweist auf tiefgreifende kulturelle Differenzen. Sie zu ergründen wird eine Aufgabe künftiger Forschung sein.

Danksagung

Die Idee, die diesem Buch zugrunde liegt, geht auf das Frühjahr 2005 zurück; seinerzeit gehörten wir beide der Forschungsgruppe »Jüdische Diaspora und Kommunikation« am Institute for Advanced Studies der Hebräischen Universität Jerusalem an. Aus der gemeinsamen Arbeit gingen in den Jahren 2007 und 2008 zwei Studien im Journal for the Study of the Pseudepigrapha hervor, in denen wir die Ergebnisse unserer Forschung vorstellten. Aufgrund der lebhaften Reaktionen, die wir seitdem erhielten, haben wir unsere These noch einmal ausgebaut, teilweise korrigiert und dabei auch die Materialbasis unserer früheren Erhebungen erweitert.

Es war Dan Diner vom Simon-Dubnow-Institut in Leipzig, der uns vorschlug, unsere Thesen in monografischer Form einem deutschsprachigen Publikum zu präsentieren; er lud uns dazu ein, einen Text für die Essayreihe »Toldot« zu verfassen. Für diese Einladung und für die Ermöglichung der durch Michael Dewey durchgeführten Übersetzung möchten wir uns bei ihm, seiner Stellvertreterin Susanne Zepp und seinem Mitarbeiter Nicolas Berg ganz herzlich bedanken. Unser Dank gilt Regina Randhofer und Philipp von Wussow für die akribische Redaktionsarbeit und Pnina Arad (Jerusalem) für die sachkundige Anfertigung der Übersichtskarte zu diesem Buch. Nicht zuletzt danken wir den vielen Kollegen, die unsere Arbeit begleitet haben. Unser besonderer Dank gilt Haym Soloveitchik für seine freundliche Unterstützung.

Wir widmen dieses Buch Yaakov Sussmann.

Doron Mendels
Arye Edrei — Jerusalem, Sommer 2009

Glossar

Aggada (hebr. »Erzählung«), Pl. Aggadot: die narrativen Teile der mündlichen Tora. Die Aggada umfasst verschiedene Erzählformen wie Sprüche, Anekdoten, Gleichnisse, Rätsel, Legenden und anderes. Zahlreiche Aggadot befinden sich in Talmud und Midrasch.

Amora (hebr. »Sprechender«, »Ausleger«), Pl. Amoraim: Bezeichnung für die Rabbinen der Zeit vom Abschluss der Mischna bis zum Abschluss des Babylonischen Talmud (200–500 u. Z.). Ihre Diskussionen der mündlichen Tora wurden in der Gemara des Talmud kodifiziert.

Baraita (aram. »etwas, das außerhalb ist«), Pl. Baraitot: Überlieferung, die nicht Eingang in die Mischna gefunden hat. Es gibt verschiedene Sammlungen von Baraitot wie etwa die Tosefta.

Chametz (hebr. »Sauerteig«): Bezeichnung für Nahrungsmittel, die Weizen, Gerste, Roggen, Hafer oder Dinkel enthalten. In Verbindung mit Wasser oder anderer Flüssigkeit kann es zur Gärung kommen; diese Nahrungsmittel sind daher zu Pessach wegen der Vorschrift der ungesäuerten Brote (Ex 12,17; 20) verboten.

Chanukka (hebr. »Erneuerung«, »Weihe«): nachbiblisches Fest, das an die Reinigung des Tempels und die Erneuerung seines Kults durch Judas Makkabäus 164 v. u. Z. erinnert.

Gemara: s. Talmud

Geniza (hebr. »Schatzhaus«): Raum zur Aufbewahrung von unbrauchbar gewordenen hebräischen liturgischen Schriften. Berühmt geworden ist die Geniza der Ibn-Ezra-Synagoge in Kairo, die Ende des 19. Jahrhunderts wiederentdeckt wurde und fast 200.000 Schriftstücke aus der Zeit zwischen dem 9. und 19. Jahrhundert enthielt.

Geonim (hebr. »Herrlichkeit«), Pl. zu Gaon: Bezeichnung für die Leiter der nachtalmudischen Jeschivot in Babylonien. Die Geonim waren zwischen dem sechsten und elften Jahrhundert die höchsten religiösen Autoritäten des Judentums. Sie spielten eine entscheidende Rolle in der Auslegung und Übermittlung der Tora und dem Ausbau des talmudischen Rechts.

Haggada (hebr. »Erzählung«): Referenzbuch mit Lesetexten aus Tora, Mischna und Talmud für die rituelle häusliche Feier zu Pessach. Die Haggada enthält die Geschichte des Auszugs der Israeliten aus Ägypten nebst rabbinischen Kommentaren, Segenssprüchen, Gebeten und Liedern.

Halacha (hebr. »Gehen«): Gesetzeskodex der Verhaltens- und Lebensregeln für den Einzelnen und die Gesellschaft. Die Halacha geht in ihrem Kern auf die Tora zurück und wurde von den Rabbinen der ersten Jahrhunderte nach der Zerstörung des zweiten Tempels (70 u. Z.) erweitert und in Sammlungen wie Mischna, Tosefta, Midrasch und Talmud kodifiziert. Die Halacha ist zentraler Bestandteil des Judentums, ihre Gebote und Verbote regeln das gesamte jüdische Leben.

Hasmonäer: Priesterdynastie, die zwischen 168 und 37 v. u. Z. ein eigenes Priesterkönigtum im Land Israel bildete und dadurch in Konflikt mit anderen Interessensgruppen gerieten.

Javne: antike Stadt im Westen des Landes Israel. Javne wurde nach der Zerstörung Jerusalems und des Tempels 70 u. Z. zum Ort der Zusammenkunft des Sanhedrin (Hoher Rat, die oberste jüdische Gerichtsinstanz) und zum Sitz einer jüdischen Gelehrtenschule unter der Leitung von Jochanan ben Zakkai.

Jeschiva (hebr. »Sitzen«), Pl. Jeschivot: traditionelle jüdische Lehrinstitution, die hauptsächlich dem Studium des Talmud dient.

Jom Kippur (Versöhnungstag, hebr. *jom ha-kippurim*, »Tag der Versöhnungen«): höchster jüdischer Feiertag mit Schwerpunkt auf umfassender Reinigung und Sühne.

Kaschrut (von hebr. *kascher*, »geeignet«, »richtig«): Speisegesetze, Sammlung von Vorschriften, die die Art und Zubereitung von Speisen regeln. Sie erstrecken sich auch auf das

Schlachten von Tieren, die Ausstattung der Küche und die Behandlung der Gegenstände, die mit den Speisen in Kontakt kommen. Die Kaschrut wird in der Tora begründet und ist Teil der Halacha.

Makkabäer: von Judas Makkabäus geführte Bewegung jüdischer Freiheitskämpfer, die seit 168 v. u. Z. gegen die griechisch-syrische Seleukidenherrschaft kämpften. Die Makkabäer begründeten die Priesterdynastie der Hasmonäer. Wichtigste Quelle zu diesen Begebenheiten sind die ersten beiden apokryphen Makkabäerbücher.

Midrasch (hebr. »Suche«, »Auslegung«, »Lehre«), Pl. Midraschim: außertalmudische Sammlungen von rabbinischen Auslegungen, die zur mündlichen Tora zählen. Es gibt zwei Grundformen: die halachischen Midraschim (Midrasch-Halacha), die Gesetze der Tora interpretieren, und die aggadischen Midraschim (Midrasch-Aggada), die biblische Erzählungen erläutern.

Mischna: s. Talmud

Nasi: in rabbinischer Zeit Titel für den ranghöchsten Juden im Land Israel, der religiöse wie weltliche Autorität beansprucht.

Neumond: markiert den jeweiligen Monatsanfang. Der Neumondtag war ursprünglich ein Feiertag und wird bis heute rituell begangen.

Pessach (hebr. »Vorüberschreiten«): eines der zentralen Feste des Judentums, das an den Auszug der Israeliten aus Ägypten und die Befreiung aus der Sklaverei erinnert.

Pharisäer (von hebr. *peruschim*, »die Abgesonderten«): eine jüdische Laienbewegung aus der Spätzeit des zweiten Tempels. Die Pharisäer weiteten die ursprünglich nur für die Priester geltenden Reinheits- und Speisegebote auf das alltägliche Leben des ganzen Volkes aus. Vor diesem Hintergrund der Heiligung des Alltags legten sie die Gesetze der schriftlichen Tora aus und schufen mit ihren Interpretationen einen essentiellen Bestandteil der mündlichen Tora. Die Pharisäer bildeten die Basis des späteren rabbinischen Judentums.

Purim (hebr. »Lose«): Fest, das an die Errettung der persischen Juden vor ihrer Vernichtung durch Haman, den Minister des persischen Königs Ahasver, erinnert. Die Begebenheiten sind im alttestamentlichen Buch Esther geschildert.

Qumran: Ort am Westufer des Toten Meers, der um die Zeitenwende von den Essenern, einer von den übrigen Israeliten abgesondert lebenden jüdischen Gemeinschaft, bewohnt war.

Rabbinen: Bezeichnung für die jüdischen Schriftgelehrten, die nach der endgültigen Zerstörung des Tempels und der Zerschlagung der jüdischen Nation 70 u. Z. zu geistigen Autoritäten aufstiegen und das Judentum neu organisierten. Die bedeutendsten rabbinischen Schriftwerke sind die Mischna und der Talmud.

Sadduzäer: eine der gesellschaftlichen Oberschicht angehörige Gruppe im Land Israel, die in der Spätzeit des zweiten Tempels bis zu seiner Zerstörung 70 u. Z. den Tempeldienst beherrschten. Im Gegensatz zu den Pharisäern lehnten die Sadduzäer die mündliche Tora ab und orientierten sich allein an der schriftlichen Überlieferung.

Schavuot (Wochenfest, von hebr. *scheva'*, »sieben«): findet sieben Wochen nach Pessach statt und erinnert an die Offenbarung der Tora auf dem Berg Sinai.

Schema' (hebr. *Schema' Jisrael*, »Höre, Israel«): das jüdische Glaubensbekenntnis, das den monotheistischen Grundgedanken formuliert.

Septuaginta (griech. »siebzig«): die griechische Bibel des hellenistischen Judentums außerhalb des Landes Israel.

Sukkot (Laubhüttenfest, von hebr. *sukka,* »Hütte«): erinnert an die dem Auszug des Volkes Israel aus Ägypten folgende vierzigjährige Wanderung durch die Wüste und das Leben in Hütten.

Talmud (hebr. »Lernen«, »Belehrung«, »Studium«): neben der hebräischen Bibel das wichtigste literarische Korpus des Judentums. Der Talmud besteht aus Mischna (älteste Sammlung außerbiblischer Religionsgesetze und Hauptwerk der mündlichen Tora) und Gemara (Diskussion der Mischna). Inhaltlich setzt er sich zusammen aus halachischen (Gesetze der Verhaltens- und Lebensregeln seit nachbiblischer Zeit) und aggadischen (narrative Teile der Schriftauslegung) Texten. Die Texte des Talmud sind über Jahrhunderte gewachsen. Sie wurden redigiert von den Amoraim und liegen in zwei Fassungen vor, dem Jerusalemer Talmud (Endredaktion ca. 400 u. Z.) und dem weitaus umfangreicheren und bedeutenderen Babylonischen Talmud (Endredaktion ca. 500 u. Z.).

Tanna (von aram. »wiederholen«, »lehren«, »lernen«), Pl. Tannaim: Bezeichnung für die Rabbinen der Mischna-Zeit vom ersten Jahrhundert der allgemeinen Zeitrechnung bis Anfang des dritten Jahrhunderts. Die Tannaim sind die Verfasser von Mischna, Baraita, Tosefta und halachischen Midraschim.

Tora (hebr. »Gesetz«, »Lehre«): Bezeichnung für die fünf Bücher Mose (schriftliche Tora), die dem Volk Israel auf dem Berg Sinai offenbart wurden und als erster und wichtigster Teil der hebräischen Bibel das Fundament des jüdischen Glaubens bilden. »Tora« bezeichnet auch die von Moses und den nachfolgenden Gelehrten mündlich weitergegebene Lehre (mündliche Tora), deren Kern die Gesetzesvorschriften der Mischna bildet. Die mündliche Tora wurde später niedergeschrieben und wird in einem bis heute währenden Prozess ausgelegt.

Tosefta (aram. »Zusatz«, »Hinzufügung«): eine die Mischna ergänzende Sammlung von Lehrsätzen und Überlieferungen der Tannaim.

Register

Personenregister

Orts- und Sachregister

Zu den Autoren

Doron Mendels ist Althistoriker. Sein Forschungsschwerpunkt liegt auf der Schnittstelle von Antike, Hellenismus, Judentum und frühem Christentum. Seine Publikationen umfassen ein breites Spektrum an Arbeiten zu biblischer Literatur, griechisch-römischer Geschichte und früher Kirchengeschichte bis hin zu Kommunikationstheorie und Gedächtnisforschung. Mendels ist Professor für Geschichte an der Hebräischen Universität Jerusalem. Er ist unter anderem Mitherausgeber der Reihe *Commentaries on Early Jewish Literature* (De Gruyter, Berlin). Zu seinen Buchpublikationen zählen *The Media Revolution of Early Christianity*, Grand Rapids 1999, *Memory in Jewish, Pagan, and Christian Societies of the Graeco-Roman World*, London/New York 2004, und *On memory. An Interdisciplinary Approach* (Hg.), Oxford 2007. Gegenwärtig arbeitet er an einem Kommentar zum ersten Makkabäerbuch für *Hermeneia* (Fortress Press, Minneapolis).

Arye Edrei ist Professor für jüdisches Recht an der Universität Tel Aviv. Schwerpunkte seiner Forschung liegen auf der Geschichte und Philosophie des talmudischen Rechts, dem jüdischen Recht des 20. Jahrhunderts, Religion und Nationalismus im jüdischen Denken sowie der Soziologie des jüdischen Gedächtnisses. Edrei wurde mehrfach ausgezeichnet für Forschung und Lehre, unter anderem von der Harvard University. Gastprofessuren führten ihn nach Toronto, New York, Boston und Pennsylvania. Er ist Verfasser zahlreicher Artikel zum jüdischen Recht und Mitherausgeber der Reihe *Dine Yisrael*, einer Zeitschrift für jüdisches Recht der Universität Tel Aviv.